AF609378

OFFICES PROPRES

DE LA PAROISSE

DE

S[T]-ÉTIENNE-DU-MONT.

PERMISSION D'IMPRIMER.

Denis-Auguste AFFRE, par la miséricorde divine et la grâce du saint Siége Apostolique, Archevêque de Paris.

Nous avons permis et permettons, par les présentes, d'imprimer un livre liturgique, de format in-12, qui a été soumis à notre examen par M. Faudet, Curé de la paroisse de Saint-Étienne-du-Mont, à Paris, ayant pour titre : *Offices propres de la paroisse de Saint-Étienne-du-Mont, à Paris*. Ce livre contient 1° les Offices de Saint Étienne, diacre et premier martyr; de Saint Hilaire, pontife, et de Saint Benoît, abbé, entièrement conformes au Bréviaire et au Missel de Paris; 2° l'Office de Sainte Geneviève du miracle des Ardents, conforme au Bréviaire de Paris (édition de 1836), avec une Messe propre; 3° les Offices de Sainte Geneviève, de la Translation du Tombeau de la même sainte, de l'Invention des Reliques de Saint Étienne, et enfin de Saint Charles, pontife et patron du Clergé de la paroisse. Ces quatre derniers Offices sont particuliers à la paroisse, et nous en autorisons l'usage.

Donné à Paris, sous notre seing, le sceau de nos armes et le contre-seing de notre Secrétaire, le 24 août 1840.

† DENIS, *Archevêque de Paris.*

Par Mandement de Monseigneur l'Archevêque de Paris.

E. Eglée, *Chan. Secrét.*

CALENDRIER DES OFFICES PROPRES

DE LA PAROISSE

SAINT-ÉTIENNE-DU-MONT.

26 Décembre. S. ÉTIENNE, Patron; annuel-mineur, avec Octave. Mémoire à Laudes et à la Messe, de tous les SS. Martyrs (*Indul. du Card. Caprara, 9 avril* 1802) et de l'Octave de Noël.

A Vêpres, mém. de S. Jean et de l'Octave de Noël.

¶ Si la fête de S. Étienne est le dimanche, les deux Grand'Messes sont de la fête, sans mémoire du dimanche, dont l'Office est renvoyé au jeudi 30 décembre. (*Rubri. Breviarii part.* 1; *cap.* 3. *n°* 31. *Missalis verò part.* 1; *cap.* 1, *art.* 1; *n°* 2.)

Tous les jours de l'Octave de Noël, mémoire de S. Étienne à Laudes, à la Messe et à Vêpres.

2 Janvier. *L'Octave de S. Étienne;* double-majeur.

L'Office comme le jour de la fête, excepté ce qui est du rite annuel. Psaumes de la férie, Oraison propre. A l'Office de la nuit, les leçons dans l'*Octavaire;* IXe leçon de S. Basile, les deux en une. A Laudes, mémoire de S. Basile et du Temps de Noël.

A la Messe, Oraison propre, les deux mémoires; Épître et Évangile propres.

S'il est dimanche, IXe leçon de l'Évangile et Homélie de ce dimanche; dont mémoire à Laudes et à la Messe, puis de S. Basile.

3 Janvier. S. GENEVIÈVE, 2e Patronne de la Paroisse S.-Étienne; annuel-mineur, avec Octave.

4 Janvier. De l'Octave, *semi-double.*

L'Office comme le jour de la fête.

A l'Office de la nuit, Ant. ℣. ℟. ℟. ℟. de l'un des Noct. selon le jour de la semaine; 1re leçon de l'Écrit., au 4 janv. 2e leçon : *Ex libro S. Cypriani,* au commun des patrons, pour les Vierges, le jour de la fête, au 2e Noct. les IVe et Ve en une; 3e leçon de S. Rigobert. *A Laudes,* Cant. de la fête, Ant. unique, qui est la 4e de la fête; mém. de la férie et de S. Rigobert.

S'il est dimanche, on en fait l'Office; mém. de S. Geneviève, à Laudes, à la Messe et à Vêpres. La 2e Grand'Messe est de S. Geneviève.

5 Janvier et les jours suivants, jusqu'au 9 inclusivement, mémoire de S. Geneviève, à Laudes, à la Messe et à Vêpres.

Si la Vigile de l'Épiphanie est dimanche, on en fait l'Office. La 2e Grand'Messe est de S. Geneviève.

10 Janvier. *L'Octave de S. Geneviève;* double-majeur.

L'Office comme le jour de la fête. Mémoire et Doxologie de l'Épiphanie.

Au 1er Noct. leçons de l'Écriture occurrente, si c'est après le 1er dimanche; avant ce dimanche les leçons : *de Epistola ad Romanos,* marquées au 3 janvier. Aux 2e et 3e Noct. les leçons du commun d'une Vierge, pour les patrons, au jour de l'Octave; IXe leçon de S. Paul, ermite.

A Laudes, ant. et cantique de la fête; mém. de l'Épiphanie et de S. Paul. A Prime, canon de la férie; à la Messe, les deux mémoires.

11 Janvier. *S. Félix,* Prêtre, *simple.* (S'il est samedi de la S. Vierge, mém. de S. Félix.)

2e Dimanche après l'Épiphanie : S. HILAIRE, Patron de l'Église paroissiale dont le territoire a été réuni à celui de S.-Étienne. (Voir la notice, page 57.) Solennel-mineur.

Tout l'Office comme au Bréviaire, en observant ce qui est marqué pour les solennels. Au 1er Noct., les leçons au commun des Patrons, pour les Docteurs ; IXe leçon de l'Evangile et Homélie du dimanche, dont mémoire à Laudes et à la Messe.

A Prime, *Canon des Patrons*, à la fin du Bréviaire.

Lundi, à l'Office de la nuit, on dit les leçons du 1er Noct. du dimanche : *Incipit Epistola secunda ad Corinthios.*

¶ Si la Septuagésime tombe le 2e dimanche, on récite l'Office de S. Hilaire, le 14 janvier, solennel-mineur, comme ci dessus ; mém. de S. Félix.

4e Dimanche après Pâque, la *Translation du Tombeau de S. Geneviève.* Double-majeur. (Voir la notice, page 74.)

11 Juillet, de la férie. (S'il est samedi de la Ste. Vierge.)

3e Dimanche de juillet, S. BENOIT, Patron de l'Église paroissiale dont le territoire a été réuni à celui de S.-Étienne. (Voir la notice, page 49.)

Tout l'Office comme au Bréviaire, en observant ce qui est marqué pour les solennels. Au 1er Noct., les leçons au commun des Patrons, pour les Abbés ; au 2e Noct., les leçons du Bréviaire. On divise la 1re à ces mots : *Duodecim monasteria ædificavit ;* IXe leçon de l'Évangile et Homélie du dimanche, dont mém. à Laudes et à la Messe.

A Prime, *Canon des Patrons*, à la fin du Bréviaire.

Lundi, à l'Office de la nuit, on dit les leçons du 1er Noct. du dimanche précédent, si elles sont le *Commencement* d'un livre.

¶ Lorsque le 3e dimanche de juillet tombe le 19 du mois, on fait, comme dans le Diocèse, *S. Vincent de Paul,* et on remet *S. Benoît* au dimanche 26 juillet.

Susception de la Sainte Croix. On fait cette fête par anticipation le dernier dimanche du mois de juillet, les années où la *Lettre Dominicale* est b, e, f, g. On la remet au 2e dimanche du mois d'août, les années où la *Lettre Dominicale* est A, c, d.

1er Dimanche d'août, l'INVENTION (1) DES RELIQUES DE S. ÉTIENNE. *Solennel-majeur* (rite annuel), sans octave. FÊTE PATRONALE. (Voir page 101.)

Lundi, à l'Office de la nuit, on dit les leçons du 1er Noct. du dimanche précédent, si elles sont l *Commencement* d'un livre.

3 Août, de la férie (s'il est samedi de la Ste. Vierge).

6 Août, *la Transfiguration de N. S.* Si cette fête est le dimanche, on la remet au lundi 7 août.

1er Dimanche de novembre (à moins que ce ne soit la Toussaint), S. CHARLES, patron du Clergé, solennel-majeur, sans Octave (2).

Lundi, à l'Office de la nuit, on lit les leçons du 1er Noct. du dimanche précédent, si elles sont le *Commencement* d'un livre.

Si le dimanche est le 2 *novembre*, aux 2es Vêpres de la Toussaint, mémoire de S. Charles.

Si le dimanche est le 3 *novembre*, à Vêpres, mém. de *S. Marcel*, dont on dit l'Office le 4 novembre, avec mém. de S. Clair.

(1) Invention, c'est-à-dire, découverte, du mot latin *Invenire*, trouver, découvrir.

(2) Le calendrier des Offices propres imprimés en 1718 indique : *S. Charles, patron des Clercs, panégyrique latin après Complies.*

4 Novembre (à moins que ce ne soit dimanche ou lundi) de *l'Octave de la Toussaint.* A l'Office de la nuit on dit pour 2e leçon celle qui est dans le Bréviaire pour le jour dans l'Octave auquel tombera le dimanche; 3e leçon de S. Clair, dont mém. à Laudes et à la Messe.

¶ Lorsque la Toussaint est le dimanche, on célèbre *S. Charles* le dimanche 8 novembre ; alors le samedi 7 nov. on anticipe la Fête des SS. Reliques, et l'on termine ce jour-là l'Octave de la Toussaint dont on fait mémoire aux 1es Vêpres de S. Charles. (*Rubr. part.* 1 ; *cap.* 5, *n°* 49.)

Le dernier dimanche après la Pentecôte : *Sainte Geneviève du miracle des Ardents.* Double-majeur. L'Office au Bréviaire en y ajoutant ce qui est marqué dans l'*Octavaire.* Mémoire de *S. Marcel*, à Vêpres, la veille; et le jour, à Laudes, à la Messe et aux secondes Vêpres. Messe propre.

26 Novembre, de la férie. (S'il est samedi de la Sainte Vierge.)

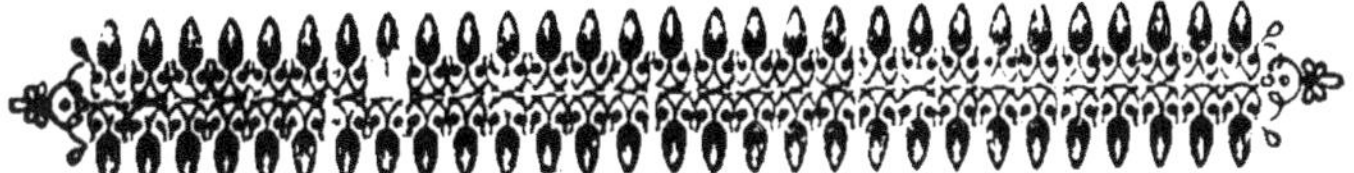

LE 26 DÉCEMBRE

FÊTE
DE SAINT ÉTIENNE,

DIACRE, PREMIER MARTYR,

ANNUEL MINEUR, AVEC OCTAVE.

A toutes les parties de l'Office, doxologie : *Qui natus es.* (*Rubri. part.* 1, *cap.* 2, *n.* 126.)

A l'Office de la nuit, comme au Bréviaire, excepté ce qui suit :

Au 1 *Noct. Ps.* 3. Domine, quid multiplicati sunt. *Dimanche, au* 1 *Nocturne.*

Ps. 12. Usquequo, Domine, *Mardi, à Complies.*

Ps. 16. Exaudi, Domine, justitiam meam, *avec sa division. Samedi, à Laudes.*

Au 3 ℟ *après* Gloria *et la reclame, on répète le* ℟ *jusqu'au* ℣, *et de même au* 6 *et au* 9 ℟℟.

Au 2 *Noct. Ps.* 20. Domine, in virtute tua. *Mercredi, à Sexte.*

Ps. 26. Dominus, illuminatio mea, *avec sa division. Jeudi, à Tierce.*

Ps. 56. Miserere meî, Deus, miserere meî. *Samedi, à Laudes.*

Au 3 Noct. Ps. 61. Nonne Deo subjecta erit. *Samedi, au 2 Noct.*

Ps. 63. Exaudi ... orationem ... cum deprecor. *Samedi, au 2 Noct.*

Ps. 85. Inclina, Domine, aurem tuam, *avec sa division. Samedi, à Complies.*

A LAUDES.

Cantique. *Job*, 16.

Suscitatur falsiloquus adversùs faciem meam * contradicens mihi.

Collegit furorem suum in me, * et comminans mihi infremuit contra me dentibus suis.

Hostis meus terribilibus oculis me intuitus est : * aperuerunt super me ora sua.

Et exprobrantes percusserunt maxillam meam : * satiati sunt pœnis meis.

Conclusit me Deus apud iniquum, * et manibus impiorum me tradidit.

Tenuit cervicem meam : * confregit me, et posuit me sibi quasi in signum.

Circumdedit me lanceis suis, * convulneravit lumbos meos.

Non pepercit, * et effudit in terra viscera mea.

Concidit me vulnere super vulnus, * irruit in me quasi gigas.

Hæc passus sum absque iniquitate manus meæ * cum haberem mundas ad Deum preces.

A PRIME. CANON.

De la Lettre de saint Célestin, Pape.

Adressée au Clergé et au peuple de Constantinople; lue dans le concile d'Ephèse, l'an 431.

Ex Epistolâ sancti Cœlestini, Papæ.

Que saint Étienne, premier martyr de J.-C., soit pour vous un modèle de patience et de constance. Une troupe de perfides se déchaîna contre ce prédicateur; mais ce digne compagnon de J.-C. ne craignit pas de faire connaître ce qu'il voyait; il s'écria au milieu des furieux, au milieu des ennemis de la religion, qu'il voyait les cieux ouverts et le Fils de l'homme, pour qui il endurait de si grands tourments, assis à la droite de Dieu.

Patientiæ vobis atque constantiæ forma, Stephanus primus Christi testis existat. Plebs in hunc prædicantem stridult perfidorum : nec tamen idoneus Christi comes tacuit quod videbat. Exclamavit inter furentes, inter religionis inimicos, videre se apertos cœlos, et Filium hominis, propter quem talia pateretur, stantem à dextris Dei.

A TIERCE.

Ant. Un faux témoin s'élève contre moi pour me contredire et me résister en face; il s'est armé contre moi de toute sa fureur.

Ant. 3. à. Suscitatur falsiloquus adversùs faciem meam contradicens mihi : collegit furorem suum in me. *Job*, 16.

CAPITULE. *Ezech.* 3.

Le Seigneur m'a dit : Ceux de la maison d'Israël ne veulent pas vous entendre, parce qu'ils ne veulent pas m'écouter. Car toute la maison d'Israël a un front d'airain et un cœur endurci. Mais j'ai rendu votre visage plus ferme que leurs visages.

Dixit ad me Dominus : Domus Israel, nolunt audire te, quia nolunt audire me. Omnis quippe domus Israel attritâ fronte est, et duro corde. Ecce dedi faciem tuam valentiorem faciebus eorum.

℟. *br.* Principes * persecuti sunt me gratìs, *Alleluia, alleluia. Principes. ℣. Et à verbis tuis * formidavit cor meum. * Alleluia. Gloria Patri. Principes.

℟. *br.* Les princes * m'ont persécuté injustement, * Alleluia. alleluia. Les princes. ℣. Mais mon cœur a redouté vos paroles. * Alleluia, alleluia. Gloire au Père. Les princes.

℣. Sederunt principes, et adversum me loquebantur. ℟. Servus autem tuus exercebatur, in justificationibus tuis. *Ps.* 118.

℣. Les princes se sont assis et ont parlé contre moi. ℟. Mais votre serviteur ne s'occupait que de votre loi.

Collecte de la Messe.

A LA PROCESSION.

℟. Cùm esset Stephanus plenus Spiritu sancto, intendens in cœlum, vidit gloriam Dei, et ait: * Ecce video cœlos apertos, et Filium hominis stantem à dextris Dei. ℣. Ecce in cœlo testis meus, et conscius meus in excelsis. * Ecce. Gloria Patri. * Ecce. *Act.* 7. *Job*, 16.

℟. Etienne étant rempli du Saint Esprit, et levant les yeux au ciel, vit la gloire de Dieu, et il dit: * Je vois le ciel ouvert, et le Fils de l'homme qui est debout à la droite de Dieu. ℣. Le témoin de mon innocence est dans le ciel; c'est lui qui connaît le fond de mon cœur et réside dans ce sublime séjour. * Je vois. Gloire. * Je vois.

℣. Ecce Deus adjuvat me,

℟. Et Dominus susceptor est animæ meæ. *Ps.* 53.

℣. Voici Dieu qui vient à mon secours,

℟. Et le Seigneur est le protecteur de mon âme.

ORAISON.

Beati Stephani levitæ simul et martyris natalitia recolentes, quæsumus, Domine, ut des nobis eum moribus imitari, qui fidei et castitatis egregiæ, qui prædicationis mi-

En célébrant la fête de saint Etienne, lévite et martyr, nous vous supplions, Seigneur, de nous accorder la grâce d'imiter celui qui nous a donné de si grands exemples de foi et de chasteté, de constance et de zèle dans la prédication de l'Evangile, de force et de patience dans la confession de votre nom ; Par J.-C., N.-S.

rabilisque constantiæ, qui confessionis ac patientiæ nobis exempla veneranda proposuit ; Per Christum.

A LA MESSE.

INTROÏT. *Ps.* 118.

Les princes assis sur leurs tribunaux ont prononcé contre moi ; mais votre serviteur ne s'occupait que de votre loi. Faites, Seigneur, qu'il ne sorte jamais de ma bouche que des paroles de vérité, parce que je n'espère qu'en vos promesses. *Ps.* Heureux ceux dont la conduite est pure, et qui règlent leurs démarches sur la loi du Seigneur. Gloire. Les princes.

Sederunt principes, et adversum me loquebantur; servus autem tuus exercebatur in justificationibus tuis : ne auferas de ore meo verbum veritatis usquequaque, quia in judiciis tuis supersperavi. *Ps.* Beati immaculati in viâ, * qui ambulant in lege Domini. Gloria. Sederunt.

COLLECTE.

Seigneur, faites-nous la grâce d'imiter l'exemple qui nous est proposé en ce jour ; afin que nous apprenions à aimer nos ennemis, en célébrant la mort bienheureuse d'un martyr qui a prié pour ses persécuteurs, notre Seigneur Jésus-Christ, votre Fils.

Da nobis, quæsumus, Domine, imitari quod colimus, ut discamus et inimicos diligere; quia ejus natalitia celebramus qui novit etiam pro persecutoribus exorare Dominum nostrum Jesum Christum Filium tuum; Qui tecum.

Mémoire de tous les saints Martyrs.

Dieu tout-puissant et éternel, qui allumez le feu de votre amour dans les cœurs de vos saints : donnez à nos âmes la même force de foi et de charité, dont vous avez animé vos bienheureux Martyrs, afin qu'en nous réjouissant de leurs

Omnipotens sempiterne Deus, qui in sanctorum tuorum cordibus flammam tuæ dilectionis accendis : da mentibus nostris eamdem fidei caritatisque virtutem ; ut Martyrum tuorum, quorum gaudemus victoriis, proficiamus exemplis.

victoires, nous profitions aussi de leurs exemples.

Mémoire de la Nativité.

Concede, quæsumus omnipotens Deus, ut nos Unigeniti tui nova per carnem nativitas liberet, quos sub peccati jugo vetusta servitus tenet; Per eumdem Dominum nostrum.

Faites, ô Dieu tout-puissant, que la nouvelle naissance de votre Fils unique selon la chair, affranchisse des captifs que le joug du péché tient depuis si long-temps dans une continuelle servitude; Par le même J.-C., notre Seigneur.

ÉPITRE.

Lectio Actuum Apostolorum, *cap. 7 et 8.*

In diebus illis; cùm esset Stephanus plenus Spiritu sancto; intendens in cœlum, vidit gloriam Dei, et Jesum stantem à dextris Dei, et ait: Ecce video cœlos apertos, et Filium hominis stantem à dextris Dei. Exclamantes autem voce magnâ, continuerunt aures suas, et impetum fecerunt unanimiter in eum. Et ejicientes eum extra civitatem lapidabant: et testes deposuerunt vestimenta sua secus pedes adolescentis, qui vocabatur Saulus. Et lapidabant Stephanum invocantem, et dicentem: Domine Jesu, suscipe spiritum meum. Positis autem genibus, clamavit voce magnâ, dicens: Domine, ne statuas illis hoc

Lecture des Actes des Apôtres.

En ces jours-là; Étienne étant rempli du Saint Esprit, et levant les yeux au ciel, vit la gloire de Dieu, et Jésus debout à la droite de Dieu, et il dit: Je vois le ciel ouvert, et le Fils de l'homme, qui est debout à la droite de Dieu. Alors ils poussèrent de grands cris, et se bouchèrent les oreilles: puis ils se jetèrent tous ensemble sur lui; et l'ayant traîné hors de la ville, ils le lapidèrent: et les témoins mirent leurs habits aux pieds d'un jeune homme appelé Saul. Tandis qu'on lapidait Etienne, il priait et disait: Seigneur Jésus, recevez mon esprit. S'étant ensuite mis à genoux, il poussa un grand cri, et dit: Seigneur, ne leur imputez pas ce péché. Après avoir prononcé ces paroles, il s'endormit dans le Seigneur. Or Saul avait consenti à sa mort. Au même temps il s'éleva une grande persécution contre l'Eglise de Jérusalem, et tous, excepté les Apôtres, furent dispersés en divers endroits de la Judée et de la Samarie. Or quelques gens qui craignaient Dieu, prirent soin d'ensevelir Etienne, et firent ses funérailles avec un grand deuil.

peccatum. Et cùm hoc dixisset, obdormivit in Domino. Saulus autem erat consentiens neci ejus. Facta est autem in illâ die persecutio magnâ in Ecclesiâ quæ erat Jerosolymis; et omnes dispersi sunt per regiones Judææ et Samariæ, præter Apostolos. Curaverunt autem Stephanum viri timorati, et fecerunt planctum magnum super eum.

GRADUEL. *Ps.* 3.

Plusieurs s'élèvent contre moi : mais vous, Seigneur, vous êtes mon refuge et ma gloire, et vous me faites marcher avec assurance. ℣. Je ne crains point ces millions d'hommes qui m'assiègent de toutes parts : levez-vous, Seigneur; sauvez-moi, mon Dieu.

Multi insurgunt adversum me : tu autem, Domine, susceptor meus es, gloria mea, et exaltans caput meum. ℣. Non timebo millia populi circumdantis me : exurge, Domine; salvum me fac, Deus meus.

Alleluia, alleluia.

Je vois le ciel ouvert, et le Fils de l'homme qui est debout à la droite de Dieu. Alleluia.

℣. Video cœlos apertos, et Filium hominis stantem à dextris Dei. Alleluia. *Act.* 7.

PROSE.

Transportés d'une sainte allégresse, chantons tous les louanges d'Etienne; unissons nos voix pour célébrer cet illustre héros.

Tandis que le ciel applaudit au triomphe de cet athlète invincible, vous, Martyrs, rivaux de son courage, cédez la palme à votre chef.

LAUDATE Stephanum
Lætis concentibus;
Omnes magnanimum,
Sonis concordibus,
Heroëm dicite.

INVICTO pugili
Dum plaudunt Cœlites,
Primam, vos æmuli,
Coronam, Martyres,
Ductori cedite.

ITER sanguineum
Primus aperuit,
Agmen quo Martyrum
Palmas obtinuit
Cruento funere.

ARMATIS manibus
Stat turba sæviens;
Occurrit ictibus,
Perire gestiens
Felici vulnere.

PRO Christi nomine
Fractus lapidibus,
Clamat, et sanguine
Petit, ac precibus,
Salutem hostium.

AD vocem Martyris
Cadentis fortiter,
Pugnæ difficilis,
Fit Christus arbiter,
Fit Saulus pretium.

DURO certamine
Fides non vincitur;
Saxorum grandine,
Martyr, dum tunditur,
Perstat interritus.

PROFUSO sanguine
Dum tellus tingitur,
Fecundo semine
Heroüm nascitur
Victor exercitus.

O qui Martyribus
Præis ad gloriam!
Christi militibus
Ora victoriam:
Manent nos prælia.

VINCANTUR vitia;
Adsit pugnantibus
Salubris gratia;
Detur vincentibus
Cœlestis gloria.
Amen.

C'est lui qui par son sang vous a le premier tracé la route : c'est sur ses pas que vous allez en foule cueillir des lauriers ensanglantés.

Armé par la fureur, le peuple fait éclater sa rage : le saint Diacre se présente à ses coups, donne sa vie avec joie, et bénit les mains qui le frappent.

Lapidé en haine du nom de Jésus-Christ, il crie vers le ciel et demande, par son sang et ses prières, le salut de ses ennemis.

A la voix du Martyr qui succombe victorieux, Jésus-Christ est l'arbitre d'une si terrible lutte, et Saul en est le prix.

Sa foi triomphe d'une si rude épreuve : tandis qu'on l'accable sous une grêle de pierres, il demeure inébranlable.

La terre est arrosée de son sang ; bientôt, de cette fertile semence, on verra éclore des armées de héros.

O vous, qui frayez aux Martyrs le chemin de la gloire! obtenez la victoire aux soldats de J.-C : l'ennemi nous presse de toutes parts.

Puissions-nous triompher des vices! être soutenus dans nos combats par la grâce, et obtenir la couronne céleste pour prix de nos victoires! Amen.

EVANGILE.

Suite du saint Évangile selon S. Matthieu.

Sequentia sancti Evangelii secundum Matthæum. *Cap.* 23.

En ce temps-là, Jésus dit aux Scribes et aux Pharisiens: Je m'en vais vous envoyer des Prophètes, des sages et des Docteurs : et de ce nombre il y en aura que vous ferez mourir, et que vous crucifierez ; d'autres que vous fouetterez dans vos synagogues, et que vous poursuivrez de ville en ville : afin que tout ce qu'il y a eu de sang innocent répandu sur la terre retombe sur vous, depuis le sang du juste Abel, jusqu'au sang de Zacharie, fils de Barachie, que vous avez tué entre le temple et l'autel. Je vous le dis en vérité : tout cela retombera sur cette nation. Jérusalem, Jérusalem, qui fais mourir les Prophètes, et qui lapides ceux qui te sont envoyés, combien de fois ai-je voulu rassembler tes enfants, comme la poule rassemble ses poussains sous ses ailes, et tu ne l'as pas voulu? voilà que votre demeure va être déserte et abandonnée. Car je vous déclare que vous ne me verrez plus jusqu'à ce que vous disiez : Béni soit celui qui vient au nom du Seigneur.

In illo tempore ; Dicebat Jesus Scribis et Pharisæis : Ecce ego mitto ad vos Prophetas, et sapientes, et Scribas : et ex illis occidetis, et crucifigetis ; et ex eis flagellabitis in synagogis vestris, et persequemini de civitate in civitatem : ut veniat super vos omnis sanguis justus, qui effusus est super terram, à sanguine Abel justi, usque ad sanguinem Zachariæ, filii Barachiæ, quem occidistis inter templum et altare. Amen dico vobis, venient hæc omnia super generationem istam. Jerusalem, Jerusalem, quæ occidis Prophetas, et lapidas eos qui ad te missi sunt : quoties volui congregare filios tuos quemadmodùm gallina congregat pullos suos sub alas, et noluisti? Ecce relinquetur vobis domus vestra deserta : dico enim vobis, non me videbitis amodò, donec dicatis : Benedictus qui venit in nomine Domini.

OFFERTOIRE.

Pendant qu'on lapidait Étienne, il priait et disait :

Lapidabant Stephanum invocantem et dicentem :

Domine Jesu, suscipe spiritum meum. *Act.* 7.

Seigneur Jésus, recevez mon esprit.

SECRÈTE.

Grata tibi sint, Domine, munera quæ offerimus in honore beati Protomartyris Stephani; ut ejus exemplo roborati, et intercessione muniti, ab eo quem ille stantem vidit à dextris tuis benedici mereamur; Qui tecum.

Daignez recevoir, Seigneur, les dons que nous vous présentons dans cette fête du bienheureux Étienne, premier Martyr; afin que fortifiés par son exemple, et protégés par son intercession, nous méritions d'être bénis par celui qu'il vit debout à la droite de votre souveraine majesté; Qui vit et règne.

Mémoire de tous les saints Martyrs.

Oblationem nostram, quæsumus, Domine, suscipe propitius, et præsta nobis fidei miseratus augmentum; ut quam beati Martyres sanguinis effusione professi sunt, eam nos operibus servare valeamus.

Regardez favorablement notre oblation, Seigneur, et que votre miséricorde augmente en nous la croyance des vérités saintes que nous avons reçues; afin que nous ayons la force de conserver, dans nos actions, la foi que vos bienheureux Martyrs ont professée par l'effusion de leur sang.

Mémoire de la Nativité.

Accepta tibi sit, Domine, quæsumus, hodiernæ solemnitatis oblatio; ut tuâ gratiâ largiente, per hæc sacrosancta commercia, adoptionis tuæ filii in illo renascamur, qui propter nos filius hominis nasci dignatus est, Jesus Christus Dominus noster; Qui tecum.

Recevez favorablement, Seigneur, l'oblation que nous vous offrons dans cette auguste solennité; afin que l'union sainte que nous avons avec vous par les sacrés mystères, nous rende par votre grâce des enfants d'adoption, et nous fasse renaître en celui qui a bien voulu naître comme fils de l'homme pour l'amour de nous; Lui qui étant Dieu vit et règne avec vous et le Saint Esprit.

Préface et Communicantes de Noël.

COMMUNION.

Étienne, s'étant mis à genoux, poussa un grand cri, et dit : Seigneur, ne leur imputez point ce péché : et après avoir prononcé ces paroles, il s'endormit dans le Seigneur.

Positis genibus, clamavit voce magnâ, dicens : Domine, ne statuas illis hoc peccatum : et cum hoc dixisset, obdormivit in Domino. *Act.* 7.

POSTCOMMUNION.

Seigneur Jésus, à qui le saint martyr Etienne fit cette prière : Recevez, Seigneur, mon esprit entre vos mains ; accordez-nous, par la vertu du sacrement auquel nous avons participé, la grâce de mourir dans votre amour, afin de nous reposer éternellement en vous ; Qui vivez.

Domine Jesu, à quo spiritum suum suscipi martyr Stephanus postulavit ; da nobis per hæc sacramenta quæ sumpsimus, ut in caritate tuâ morientes, sempiternâ in te requie perfruamur ; Qui vivis.

Mémoire de tous les saints Martyrs.

Donnez un même cœur et un même esprit, Seigneur, à ceux qui participent à un même pain et à un même calice ; et unissez-nous par les liens de cette même charité par laquelle vous avez voulu que vos saints Martyrs fussent consommés dans l'unité, en combattant pour vous, et en triomphant par vous.

De uno pane, et de uno calice participantibus, da, Domine, cor unum et animam unam ; et eâdem nos caritate consocia, quâ beatos Martyres certantes pro te, et per te vincentes, in unum consummatos esse voluisti.

Mémoire de la Nativité.

Faites, s'il vous plaît, Dieu tout-puissant que le Sauveur du monde, qui en naissant aujourd'hui selon la chair, nous donne une naissance divine, nous accorde aussi l'immortalité ; Lui qui étant Dieu vit et règne.

Præsta, quæsumus, omnipotens Deus, ut natus hodie Salvator mundi, sicut divinæ nobis generationis est auctor, ita et immortalitatis sit ipse largitor ; Qui tecum vivit et regnat.

A SEXTE.

Ant. 7. ç. Comminans mihi, infremuit contra me dentibus suis : terribilibus oculis me intuitus est. *Job*, 16.

Ant. Mon ennemi a grincé les dents en me menaçant : il m'a envisagé avec un regard terrible.

CAPITULE. *Ezech.* 3.

Fili hominis, ut adamantem, et ut silicem dedi faciem tuam : ne timeas eos, neque metuas facie eorum.

Fils de l'homme, je vous ai donné un front de pierre et de diamant : ne les craignez point, et n'ayez point peur devant eux.

℟. *br.* Dominus mihi adjutor, * non timebo quid faciat mihi homo, * Alleluia, alleluia. Dominus. ℣. Dominus mihi adjutor, * et ego despiciam inimicos meos. * Alleluia. Gloria. Dominus. *Ps.* 117.

℟. *br.* Le Seigneur est mon soutien, * je ne craindrai rien de ce que l'homme pourra me faire, * Alleluia, alleluia. Le Seigneur. ℣. Le Seigneur est mon soutien * et je mépriserai mes ennemis. * Alleluia. Gloire. Le Seigneur.

℣. Dominus à dextris est mihi, ne commovear;

℣. Le Seigneur est à ma droite de peur que je ne sois ébranlé;

℟. Propter hoc lætatum est cor meum. *Ps.* 15.

℟. C'est pourquoi mon cœur est dans la joie.

Collecte de la Messe, page 13.

A NONE.

Ant. 2. D. Dicunt : Lapidetur, et aspiciat oculus noster : ipsi autem non cognoverunt cogitationes Domini. *Mich.* 4.

Ant. Ses ennemis crient : Qu'il soit lapidé, et que nos yeux se repaissent de son malheur ; mais ils n'ont pas connu quelles sont les pensées du Seigneur.

CAPITULE. *Is.* 50.

Juxta est qui justificat me, quis contradicet mihi?

Celui qui me justifie est auprès de moi ; qui est celui qui

se déclarera contre moi ? allons ensemble devant le juge ; qui est mon adversaire ? qu'il s'approche. Le Seigneur mon Dieu me soutient de son secours ; qui entreprendra de me condamner ?

stemus simul, quis est adversarius meus ? accedat ad me. Ecce Dominus Deus auxiliator meus : quis est qui condemnet me ?

℟. *br.* Voici * Dieu qui vient à mon secours, *Alleluia, alleluia. Voici. ℣. Et le Seigneur * est le protecteur de mon âme. * Alleluia. Gloire. Voici.

℟. *br.* Ecce * Deus adjuvat me, * Alleluia, alleluia. Ecce. ℣. Et Dominus * susceptor est animæ meæ. * Alleluia. Gloria. Ecce. *Ps.* 53.

℣. Le Seigneur est ma lumière et mon salut.

℣. Dominus illuminatio mea et salus mea.

℟. Qui craindrais-je ?

℟. Quem timebo ? *Ps.* 26.

Collecte de la Messe, page 13.

AUX SECONDES VÊPRES.

Antiennes et Psaumes comme aux secondes Vêpres de Noël.

CAPITULE. *Job,* 16.

J'ai souffert sans que ma main fût souillée par l'iniquité, et dans le temps que j'offrais de saintes prières à mon Dieu.

Passus sum absque iniquitate manûs meæ, cum haberem mundas ad Deum preces.

HYMNE.

L'amour d'un cœur chrétien pour ses ennemis se manifeste en différentes manières ; tantôt il emploie la douceur et les caresses, tantôt il fait d'utiles reproches ; mais c'est toujours le même esprit de charité qui le fait agir.

MIRIS probat sese modis
Suos in hostes caritas ;
Et blandiens et increpans,
Amica semper caritas.

Jusqu'au moment de sa mort, Étienne priait pour lui-même : lorsqu'il tombe et qu'il

QUI stans perorabat sibi,
Cadens et expirans humi,
Linguâ diserti sanguinis,

Suis perorat hostibus.	expire, il implore par la voix éloquente de son sang, la miséricorde de Dieu pour ses persécuteurs.
AUDIVIT è cœlo Deus Suprema verba Martyris ; Dux Saulus, et testis necis, Necis fit ipse præmium.	Dieu entend du haut du ciel les dernières paroles de son Martyr; Saul, auteur et complice de sa mort, devient lui-même sa glorieuse conquête.
FRACTIS jacens cervicibus, Et sic perire lætior : O Christe, dixit, suscipe Quem pono pro te spiritum.	Etienne renversé par terre, brisé de coups, et plein de joie de mourir pour vous, Seigneur, s'écrie : ô Jésus, recevez mon esprit, et acceptez le sacrifice de ma vie.
TUM blanda mors amabili Sopore clausit lumina ; Ad lucis æternæ jubar, Exutus artus, evolat.	Alors une mort douce et tranquille, semblable à un paisible sommeil, lui ferme les yeux; mais son esprit en liberté s'envole vers le séjour de la lumière éternelle.
SERVIRE mensis pauperum Id muneris quondam tui ; Conviva nunc dignus Deo, Mensis supernis assides.	Pendant votre vie mortelle, ô saint Martyr, vous étiez employé à distribuer la nourriture des pauvres; maintenant admis à la table de Dieu, vous vous nourrissez de lui-même, et vous partagez avec lui ses délices.
TU nuptiali splendidus Tui cruoris purpurâ, Ad immolati transvolas Admissus Agni nuptias.	Revêtu d'une pourpre éclatante, acquise au prix de votre sang, et couronné de gloire, vont êtes assis au festin des nôces de l'Agneau, qui s'est immolé pour le salut des hommes.
QUID non, Deus, si respicis, Humana possunt pectora ?	De quoi n'est pas capable, grand Dieu, le cœur de l'homme, quand vous le soutenez? Accordez-nous la grâce de

suivre l'exemple de celui dont nous célébrons le glorieux triomphe.

Cujus triumphum pangimus,
Fac nos et exemplum sequi.

Gloire à vous, ô Jésus, qui êtes né d'une Vierge : soyez honoré avec le Père et le Saint Esprit, dans tous les siècles des siècles.
Amen.

Qui natus es de Virgine,
Jesu, tibi sit gloria,
Cum Patre, cumque Spiritu,
In sempiterna secula. Amen.

℣. Ils m'ont rendu le mal pour le bien, ℟. Et la haine pour l'amour que je leur portais.

℣. Posuerunt adversum me mala pro bonis, ℟. Et odium pro dilectione mea. *Ps.* 108.

A Magnificat.

Ant. Etienne, s'étant mis à genoux, poussa un grand cri, en disant : Seigneur, ne leur imputez point ce péché. Après avoir prononcé ces paroles, il s'endormit dans le Seigneur.

Ant. 1. D. Positis genibus, clamavit voce magnâ : Domine, ne statuas illis hoc peccatum. Et cum hoc dixisset, obdormivit in Domino. *Act.* 7.

Collecte de la Messe, page 13.

Mémoire de saint Jean.

Ant. Vous êtes devenu précieux à mes yeux, et je vous ai élevé en gloire : je vous ai aimé, ne craignez pas.

Ant. Honorabilis factus es in oculis meis, et gloriosus : ego dilexi te, noli timere. *Is.* 43.

℣. Vous aimez la vérité, Seigneur :

℟. Vous m'avez révélé les mystères de votre sagesse.

℣. Ecce tu, Domine, veritatem dilexisti :

℟. Incerta et occulta sapientiæ tuæ manifestasti mihi. *Ps.* 50.

ORAISON.

Daignez, Dieu de bonté, répandre sur votre Eglise les rayons de votre céleste lu-

Ecclesiam tuam, Domine, benignus illustra, ut beati Joannis Apostoli tui et Evangelistæ illuminata doctrinis ad dona perveniat sempiterna; Per Christum.

mière, afin qu'éclairée par les divines instructions de l'Apôtre et Evangéliste saint Jean, elle arrive au bonheur éternel; Par N. S. J. C.

Mémoire de la Nativité.

Ant. Filius Dei venit, et dedit nobis sensum, ut incognoscamus verum Deum et simus in vero Filio ejus : hic est verus Deus, et vita æterna, alleluia. 1 *Joan.* 5.

℣. Hic est Deus, Deus noster in æternum :

℟. Ipse reget nos in secula. *Ps.* 47.

Ant. Le Fils de Dieu est venu, et il nous a donné l'intelligence, afin que nous connaissions le vrai Dieu, et que nous soyons en son vrai Fils; c'est lui qui est le vrai Dieu, et la vie éternelle, alleluia.

℣. C'est lui qui est notre Dieu : il est notre Dieu de toute éternité :

℟. Il règnera sur nous à jamais.

Collecte de la Messe, Concede, *page* 14.

A COMPLIES.

Ant. 2. D. Ego lux in mundum veni, ut omnis qui credit in me, in tenebris non maneat, alleluia.

Ant. Je suis venu dans le monde, moi qui suis la lumière, afin qu'aucun de ceux qui croient en moi, ne demeure dans les ténèbres, alleluia.

A Nunc dimittis.

Ant. 1. g. Erat lux vera quæ illuminat omnem hominem venientem in hunc mundum; et lux in tenebris lucet, alleluia.

Il était la vraie lumière qui éclaire tout homme qui vient au monde; et la lumière luit dans les ténèbres, alleluia.

Les fêtes de Saint Jean, des Saints Innocents, le dimanche dans l'octave de Noël et les autres jours on fait mémoire de l'octave de Saint Etienne à Laudes; à la Messe par les oraisons de la messe de la fête, et à Vèpres par l'ant. *Positis*, ℣. *Posuerunt*, page 23, et l'oraison de la messe, page 13.

De même le jour de la Circoncision, excepté aux secondes vèpres, où l'on prend l'ant. *Mitto* et le ℣. *Misit* aux secondes vèpres de Noël, et l'oraison *Omnipotens*, ci-après, au jour de l'octave.

LE 2 JANVIER,

L'OCTAVE DE SAINT ETIENNE.

DOUBLE MAJEUR.

Tout l'Office comme le jour de la fête, excepté les psaumes **qui sont** de la férie, et l'Oraison qui est celle de la messe ci-**après.** A l'office de la nuit les leçons dans l'*Octavaire.*

Au 3 nocturne la 7 leçon commence comme il suit :

Lectio sancti Evangelii secundum Matthæum. *cap.* 23.

In illo tempore, Dicebat Jesus : Væ vobis, Scribæ et Pharisæi **hypocritæ,** qui ædificatis sepulcra Prophetarum, et ornatis monumenta justorum. Et reliqua.

L'homélie dans l'Octavaire.

A Prime, Canon *du* 2 *janvier.*

A LA MESSE.

Comme au jour de la fête, excepté ce qui suit :

ORAISON.

Dieu tout-puissant, qui avez **consacré** les prémices des Martyrs dans le sang de votre bienheureux lévite S. Etienne : accordez, nous vous en prions, qu'il soit notre intercesseur, lui qui a prié pour ses persécuteurs notre Seigneur Jésus-Christ votre Fils, qui vit et règne.

Omnipotens sempiterne Deus, qui primitias Martyrum in beati levitæ Stephani sanguine dedicasti : tribue, quæsumus, ut pro nobis intercessor existat, qui pro suis etiam persecutoribus exoravit Dominum nostrum Jesum Christum.

Si l'octave est dimanche, mémoire par l'oraison :

O Dieu, qui nous avez rendus de nouvelles créatures dans votre Fils unique ; conservez les ouvrages de votre miséricorde, et purifiez-nous de plus en plus des restes corrompus de l'ancien levain : afin que

Deus, qui in Unigenito tuo novam creaturam nos tibi esse fecisti ; custodi opera misericordiæ tuæ, et ab omnibus nos maculis vetustatis emunda : ut per auxilium gratiæ tuæ, in illius inveniamur formâ, in quo tecum est nostra substantia.

par le secours de votre grâce, nous devenions semblables à celui qui a uni en lui notre nature à la divinité.

Ensuite de Saint Basile :

Excita, quæsumus, Domine, intercedente beato Basilio, tuorum corda fidelium; ut sacris intenta doctrinis studeant et amare quod amavit, et opere exercere quod docuit; Per Dominum.

Nous vous supplions, Seigneur, par l'intercession du bienheureux Basile, d'animer de votre esprit les cœurs de vos fidèles, afin qu'attentifs aux saintes instructions qu'il a laissées, ils s'appliquent à aimer ce qu'il a aimé, et à pratiquer ce qu'il a enseigné; Par N.-S.

S'il n'est pas dimanche, la deuxième Oraison de Saint Basile, puis du temps de Noël :

Beata tempora celebrantes quæ per temporalem Unigeniti tui nativitatem, et partum Mariæ Virginis consecrasti; quæsumus Domine, ut ejusdem Dei genitricis intercessione, et in illo renasci, et tanti mysterii fructum jugiter in nobis conservare mereamur; Per eumdem.

Faites, nous vous en supplions, Seigneur, qu'en célébrant cet heureux temps de la naissance de votre Fils unique et de l'enfantement de la Vierge Marie, nous méritions, par l'intercession de cette bienheureuse mère de Dieu, de prendre une nouvelle naissance en Jésus Christ, et de conserver toujours en nous les fruits d'un si grand mystère; Par le même J.-C. N. S.

ÉPITRE.

Lectio Epistolæ beati Pauli Apostoli ad Romanos. *cap.* 12.

Lecture de l'Epître de saint Paul aux Romains.

Fratres, Benedicite persequentibus vos: benedicite, et nolite maledicere. Gaudere cum gaudentibus,

Mes Frères, Bénissez ceux qui vous persécutent: bénissez-les, et gardez-vous bien de faire des imprécations contre eux. Réjouissez-vous avec ceux qui sont dans la joie, et pleurez avec ceux qui pleurent. Tenez-vous toujours unis dans les mêmes sentiments; n'aspirez point à ce qui est élevé, mais accommodez-vous à ce qu'il y a de plus bas et de plus humble. Ne soyez point sages à vos propres yeux; ne rendez à personne le mal pour le mal; ayez soin de faire le bien, non seulement devant Dieu, mais aussi devant tous les hommes. Vivez en paix, si cela se peut, et autant qu'il est en vous, avec toutes sortes de personnes : ne vous vengez point vous-mêmes, mes bien-aimés, mais donnez lieu à la colère. Car il est écrit : C'est à moi que la vengeance est réservée, et c'est moi qui la ferai, dit le Seigneur. Au contraire, si votre ennemi a faim, donnez-lui à manger; s'il a soif, donnez-lui à boire : car agissant de la sorte, vous amasserez des charbons de feu sur sa tête. Ne vous laissez point vaincre par le mal, mais efforcez-vous de vaincre le mal par le bien.

flere cum flentibus. Idipsum invicem sentientes; non alta sapientes, sed humilibus consentientes. Nolite esse prudentes apud vosmetipsos, nulli malum pro malo reddentes; providentes bona non tantum coram Deo, sed etiam coram omnibus hominibus. Si fieri potest, quod ex vobis est, cum omnibus hominibus pacem habentes; non vosmetipsos defendentes, carissimi, sed date locum iræ, scriptum est enim : Mihi vindicta; ego retribuam, dicit Dominus. Sed si esurierit inimicus tuus, ciba illum; si sitit, potum da illi : hoc enim faciens, carbones ignis congeres super caput ejus. Noli vinci à malo, sed vince in bono malum.

ÉVANGILE.

Suite du saint Evangile selon S. Matthieu.

En ce temps-là, Jésus dit : Malheur à vous, Scribes et Pharisiens hypocrites, qui bâtissez des tombeaux aux Prophètes, et ornez les monuments des justes, et qui dites : Si nous

Sequentia sancti Evangelii secundum Matthæum *cap.* 23.

In illo tempore, Dicebat Jesus : Væ vobis, Scribæ et Pharisæi hypocritæ, qui ædificatis sepulcra Prophetarum, et ornatis monumenta justorum, et dicitis : Si fuissemus in diebus patrum nostrorum, non essemus socii eorum in sanguine Prophetarum. Itaque testimonio estis vobismetipsis, quia filii estis eorum qui Prophetas occiderunt. Et vos implete mensuram patrum vestrorum. Serpentes, genimina viperarum, quomodo fugietis à judicio gehennæ? Ideo ecce ego mitto ad vos Prophetas, et sapientes, et Scribas : et ex illis occidetis, et crucifigetis, et ex eis flagellabitis in synagogis vestris, et persequemini de civitate in civitatem : ut veniat super vos omnis sanguis justus, qui effusus est super terram, à sanguine Abel justi, usque ad sanguinem Zachariæ, filii Barachiæ, quem occidistis inter templum et altare.

eussions été du temps de nos pères, nous n'aurions pas répandu avec eux le sang des Prophètes. Ainsi vous vous rendez témoignage à vous-mêmes, que vous êtes les enfants de ceux qui ont mis les Prophètes à mort. Achevez donc de combler la mesure de vos pères. Serpents, race de vipères, comment pourrez-vous éviter d'être condamnés au feu de l'enfer ? C'est pourquoi je m'en vais vous envoyer des Prophètes, des sages, et des Docteurs : et de ce nombre il y en aura que vous ferez mourir, et que vous crucifierez ; d'autres que vous fouetterez dans vos synagogues, et que vous poursuivrez de ville en ville : afin que tout ce qu'il y a eu de sang innocent répandu sur la terre retombe sur vous, depuis le sang du juste Abel, jusqu'au sang de Zacharie, fils de Barachie, que vous avez tué entre le temple et l'autel.

SECRÈTE.

S'il est dimanche, mémoire :

Adesto, Domine, supplicationibus nostris, ut populus tuus te factore conditus, teque reparatus auctore, te etiam jugiter operante salvetur.

Soyez favorable à nos prières, Seigneur ; afin que ce peuple, dont vous êtes le créateur et le réparateur, éprouve aussi que vous êtes son sauveur, par l'opération continuelle de votre grâce.

De Saint Basile :

Ut plenum sit sacrificium nostrum, Deus, da

Afin que notre sacrifice soit parfait, accordez-nous, ô Dieu de regarder tout comme une perte, en comparaison de la haute connaissance de Jésus-Christ notre Seigneur ; et faites qu'à l'exemple du saint Docteur Basile, nous ne sachions que Jésus-Christ, et Jésus-Christ crucifié ; Lui, qui étant Dieu, vit.

nobis omnia detrimentum facere propter eminentem scientiam Jesu Christi Domini nostri ; et exemplo beati Doctoris Basilii nihil scire nisi Jesum Christum, et hunc crucifixum ; Qui tecum.

S'il n'est pas dimanche, mémoire du temps de Noël :

Seigneur, que l'humanité sainte de votre Fils unique, qui naît d'une Vierge, sans ternir mais en consacrant la pureté de sa mère, vienne à notre secours ; et que, nous purifiant de toutes les taches du péché, Jésus-Christ notre Seigneur fasse que notre offrande vous soit agréable ; Lui, qui étant Dieu, vit et règne.

Unigeniti tui, Domine, nobis succurrat humanitas : ut, qui natus de Virgine, matris integritatem non minuit, sed sacravit ; cunctis nos piaculis exuens oblationem nostram tibi faciat acceptam Jesus Christus Dominus noster ; Qui tecum.

POSTCOMMUNION.

S'il est dimanche, mémoire :

Que vos dons nous conservent, nous vous en supplions, Seigneur, et qu'ils nous fassent vivre éternellement en Jésus-Christ.

Conservent nos, quæsumus Domine, munera tua, et in Unigenito tuo tribuant nobis vitam æternam.

De Saint Basile :

Faites, Seigneur, que ceux à qui vous donnez Jésus-Christ pour nourriture, ne cessent de l'écouter comme leur unique maître qui les instruit ; afin que par l'intercession de saint Basile, ils apprennent votre vérité dans l'humilité chrétienne, et qu'ils la pratiquent fidèlement dans la charité ; Par le même J.-C.

Quos Christo pane reficis, eosdem Christo magistro edoce, Domine ; ut, interveniente beato Basilio discant in humilitate veritatem tuam, et eam in caritate fideliter operentur ; Per eumdem.

S'il n'est pas dimanche, mémoire du temps de Noël :

Satiasti nos, Domine, Verbi tui incarnati corpore ac sanguine; quæsumus, ut intemeratæ matris ejus intercessione, hæc divina mysteria beatam immortalitem nobis acquirant; Per eumdem.

Seigneur, qui nous avez rassasiés du corps et du sang de votre Verbe incarné, accordez-nous, par l'intercession de sa mère Vierge, d'obtenir, par la vertu de ces divins mystères, la bienheureuse immortalité; Par le même J.-C.

Vêpres de la Fête suivante.

LE 3 JANVIER.

FÊTE DE SAINTE GENEVIÈVE,

Deuxième Patronne de Saint-Etienne.

ANNUEL MINEUR, AVEC OCTAVE.

(Office selon le rite de l'ancienne Abbaye.)

AUX PREMIÈRES VÊPRES.

Psaumes de la férie.

Ant. 1. D. Laudate Dominum Deum, qui in ancilla sua adimplevit misericordiam suam. *Judith, 13.*

Ant. Louez le Seigneur notre Dieu, qui a accompli par sa servante ses desseins de miséricorde.

Ant. 2. D. Parentes illius, cum essent justi, erudierunt filiam suam secundum legem. *Dan. 13.*

Ant. Comme son père et sa mère étaient justes, ils avaient instruit leur fille selon la loi.

Ant. 3. C. Benedicam nomini Domini; adhuc junior quæsivi sapientiam palam in oratione mea;

Ant. Je bénirai le nom du Seigneur; lorsque j'étais encore jeune, j'ai cherché la sagesse dans ma prière avec grande instance ; je l'ai demandée à Dieu dans le temple.

antè templum postulabam pro illâ. *Eccli.* 51.

Ant. J'ai fait alliance avec vous, dit le Seigneur, et vous avez été à moi : je vous ai parée des ornements les plus précieux, et vous ai mis un collier autour du cou.

Ant. 5. a. Ingressus sum pactum tecum, ait Dominus, facta es mihi : ornavi te, et dedi torquem circa collum tuum. *Ezech.* 16.

Ant. Mon âme sera ravie d'allégresse dans mon Dieu, parce qu'il m'a revêtue comme une épouse parée de toutes ses pierreries.

Ant. 6. F. Exultabit anima mea in Deo meo, quia induit me quasi sponsam ornatam monilibus suis. *Is.* 61.

CAPITULE. *Is.* 41.

Je suis votre Dieu, je vous ai fortifiée, je vous ai secourue, et la droite de mon juste vous a soutenue.

Ego Deus tuus, confortavi te, et auxiliatus sum tibi, et suscepit te dextera justi mei.

℟. Fecit, *ci-après, page* 42.

HYMNE.

Quels chants de joie se font entendre dans les cieux ? Français, c'est la naissance de la protectrice de votre empire qu'ils célèbrent ; accourez tous et joignez vos voix à celles des bienheureux, pour chanter à l'envi ses louanges.

Quæ tanta cœlo gaudia
personant?
Patrona Franci nascitur
imperi :
Adeste, cives, æmulosque
Cœlicolis sociate cantus.

Dès ses premières années, victime dévouée à Jésus-Christ, elle consacre sa virginité ; embrasée d'un feu tout divin, elle ne soupire plus qu'après les noces de l'Agneau.

Primis sub annis virgineum decus
Devota Christo consecrat hostia,
Piisque flammis incalescens
Jam thalamos meditatur Agni.

Ses désirs ne seront pas trompés ; un Pontife saint,

Nec vota fallunt : pronubus advenit

Afflatus almo numine Pontifex :
Sis fida, dixit ; nuptiales
Mittit amans tibi Christus arrhas.

poussé par une inspiration céleste, arrive pour présider à cette auguste alliance. Soyez fidèle à votre divin époux, lui dit-il, et recevez de ma main ces gages qu'il vous donne de sa tendresse.

O sponsa felix ! dum strepitu procul
Mentem supernis pascis amoribus,
Te sponsus æternis vicissim
Deliciis Deus ipse pascit.

Heureuse épouse ! loin du tumulte du monde, vous ne vivez que de l'amour qui vous transporte pour votre Dieu, qui de son côté vous fait goûter des délices pures et éternelles.

Supplex ad aras, et dapis immemor
Somnique, sacro nectare vesceris,
Mutare viles quàm juvaret
Arce poli meliore terras !

Prosternée aux pieds des autels, où, oubliant tous les besoins du corps, la prière vous tient lieu de nourriture et de sommeil ; ah ! qu'il vous serait doux de quitter cette misérable terre pour voler à l'heureux séjour des saints !

Arcere templo te genitrix parat,
Feritque durâ, nil meritam, manu :
Fit orba lucis; mox ademptum
Restituis, pia nata, lumen.

Une mère veut injustement vous éloigner du temple, et vous frappe d'une main sévère ; mais son action est punie à l'instant, elle perd la vue ; bientôt vous la lui rendez par un miracle qu'obtient votre amour filial.

Laus summa Patri, summaque Filio,
Tibique compar gloria, Spiritus,
Quo plena concepit medullis
Virgineas Genovefa flammas. Amen.

Gloire au Père, gloire au Fils, gloire soit à vous, Esprit saint, dont le souffle a allumé dans le cœur de Geneviève la flamme d'un amour pur et céleste. Amen.

℣. Domine, spes mea à juventute mea.

℣. Seigneur, vous êtes mon espérance dès ma jeunesse.

℟. Vous avez toujours été le sujet de mes cantiques.

℟. In te cantatio mea semper. *Ps.* 70.

A Magnificat.

Ant. Quoiqu'elle fût fort jeune, elle ne fit néanmoins rien paraître dans toutes ses actions qui tînt de l'enfance; mais elle allait au temple, où elle adorait le Seigneur son Dieu, et faisait d'autres actions semblables, conformément à la loi de Dieu.

Ant. 4. D. Cùm esset junior, nihil tamen puerile gessit in opere; sed pergebat ad templum, et ibi adorabat Dominum Deum; et similia secundùm legem Dei observabat. *Tob.* 1.

Collecte de la Messe, ci-après, page 43.

Mémoire de l'Octave de saint Étienne, ant. *Positis.* ℣. *Posuerunt*, pag. 23. Oraison *Omnipotens*, pag. 25.

S'il est samedi ou dimanche, on en fait mémoire.

A COMPLIES, *Psaumes de la férie, antiennes, ci-après p.* 53.

A L'OFFICE DE LA NUIT.

Invitatoire. Sponsum, cui ornatâ lampade Virgo prudens obviam exivit, * Venite, adoremus. *Matth.* 25.

HYMNE.

Le temple s'ouvre; que nos vœux soient reçus favorablement par Geneviève qui aimait passer les nuits entières à y prier.

Templa panduntur; facilis clientum
Audiat festos Genovefa cantus,
Quæ vigil templo solidas amabat
Ducere noctes.

En vain l'esprit infernal veut-il l'arrêter, en éteignant la lumière qui éclaire ses pas pendant la nuit; elle se rit de sa malice : un souffle miraculeux ranime la lampe qu'il avait éteinte.

Hostis extinctâ stygius lucernâ,
Nocte pergentem cohibere tentet;
Luditur : sacro rediviva flatu
Flamma resurgit.

Dure à elle-même, tandis qu'elle immole son corps à la

Molle dum mactat, sibi dura, corpus,

Curat ægrotos ope, veste nudos;
Seque defraudat, seges unde major
Crescat egenis.

pénitence, elle fournit des secours aux malades, des habits à ceux qui sont nus; elle retranche de son nécessaire pour donner plus abondamment aux indigents.

Integram vitæ scelerata mordent
Ora; Germani siluère jussu:
Mox et insontem potiore signo
Sentiet orbis.

Des bouches envenimées s'ouvrent pour la décrier; Germain leur impose silence, et bientôt le plus éclatant miracle atteste à l'univers son innocence.

Numinis vindex patiens vocari
Hunnus, algentem fugit acer arcton,
Et Parisinis truculentus instat
Attila muris.

Attila, le roi des Huns, regardé de tous et se regardant lui-même comme le fléau de Dieu, accourt avec rapidité des régions glacées du nord; il s'avance plein de fureur, et menace Paris d'une ruine prochaine.

Palluit civis, prece Virgo pugnat:
Barbarus ponit fera corda prædo:
It tremor castris; fugat impotentes
Agna leones.

Le citoyen tremble; Geneviève combat par la prière: et déjà le barbare conquérant s'adoucit, la terreur se répand dans son camp, et une innocente brebis met en fuite ces lions furieux.

Efficax Hunni prohibere turmas,
Diva, ne blando superemur hoste;
Cordis insanos, quibus æstuamus,
Pelle furores.

Vous avez eu le pouvoir d'arrêter les bataillons des Huns: ô sainte Patronne, que l'ennemi du salut ne triomphe pas de nous par ses artifices; éloignez les passions furieuses qui bouillonnent dans notre cœur.

Summa laus Patri, genitoque Verbo,
Et tibi compar utriusque nexus,

Gloire soit au Père; gloire soit au Fils; gloire à l'Esprit saint qui, par sa lumière, met en fuite les monstres qu'enfatité l'esprit de ténèbres. Amen.

Qui tuo, victor, sata nocte monstra
Lumine terres.
Amen.

AU PREMIER NOCTURNE.

Ps. 3. Domine, quid multiplicati sunt, *Dimanche, au 1 Noct.*

Ant. 1. f. Considerans adventum multitudinis, extendens manus in cœlum, prodigia facientem Dominum invocavit. 2 *Mach.* 15.

Ps. 8. Domine, Dominus noster. *Lundi, à Prime.*

Ant. 2. D. Ut viderunt exercitum venientem, dixerunt : Quomodò poterimus pugnare contra multitudinem tantam ? Et ait : Veniunt in superbia ut disperdant nos ; vos autem ne timueritis. 1 *Mach.* 3.

Ps. 10. In Domino confido. *Mercredi, à Complies.*

Ant. 3. c. Præcepit ut die ac nocte Dominum invocarent quò adjuvaret eos ; ac populum ne sineret nationibus subdi. 2 *Mach.* 13.

℣. Justum adjutorium meum à Domino,

℟. Qui salvos facit rectos corde. *Ps.* 7.

Première leçon.

De Jeremia Propheta. *cap.* 42.

Dixit ad eos : Ecce ego oro ad Dominum Deum secundùm verba vestra : omne verbum quodcumque responderit mihi, indicabo vobis, nec celabo vos quidquam. Hæc dicit Dominus Deus Israel, ad quem misistis me, ut prosternerem preces vestras in conspectu ejus : Si quiescentes manseritis in terra hac, ædificabo vos, et non destruam ; plantabo, et non evellam ; jam enim placatus sum. Nolite metuere eum, dicit Dominus, quia vobiscum sum ego, ut salvos vos faciam, et eruam de manu ejus ; et dabo vobis misericordias et miserebor vestri.

℟. Hæc dicit Dominus de rege : Non ingredietur urbem hanc, nec mittet in eam sagittam, nec occupabit eam clypeus, nec circumdabit eam munitio : *Per viam, quâ venit, revertetur, dicit Dominus ; protegamque urbem hanc, et salvabo eam. ℣ Bono animo estote, viri : credo enim Deo, quia sic erit quemadmodum dictum est mihi. *Per viam. *4 Reg.19. Act.27.*

Deuxième leçon.

℟ De libro Judith. *cap.* 8.

Venerunt ad illam, et dixit illis : Pœniteamus et indulgentiam Domini fusis lacrymis postulemus : non enim quasi homo, sic Deus comminabitur ; neque, sicut Filius hominis, ad iracundiam inflammabitur. Et ideo humiliemus illi animas nostras, et in spiritu constituti humiliato, servientes illi, dicamus flentes Domino, ut secundum voluntatem suam sic faciat nobiscum misericordiam suam : ut sicut conturbatum est cor nostrum in superbia eorum, ita etiam de nostra humilitate gloriemur : quoniam non sumus secuti peccata patrum nostrorum, qui dereliquerunt Deum suum, et adoraverunt deos alienos ; nos autem alterum Deum nescimus præter ipsum. Expectemus humiles consolationem ejus, et exquiret sanguinem nostrum de afflictionibus inimicorum nostrorum, et humiliabit omnes gentes quæcumque insurgunt contra nos, et faciet illas sine honore Dominus Deus noster.

℟. Ingressa oratorium, et prosternens se Domino, clamabat : Non in multitudine est virtus tua, Domine : * Exaudi me deprecantem et de tua misericordia præsumentem. ℣. Fremuerunt gentes, et populi meditati sunt inania : nunc, Domine, respice in minas eorum. *Exaudi me. *Judith.9. Act.4.*

Troisième leçon. Judith, 13.

Universi, adorantes Dominum, dixerunt ad eam : Benedixit te Dominus in virtute sua, quia per te ad nihilum redegit inimicos nostros. Benedicta es tu, filia, a Domino Deo excelso præ omnibus mulieribus super terram. Benedictus Dominus, qui creavit cœlum et terram, quia hodie nomen tuum ita magnificavit, ut non recedat laus tua de ore hominum, qui memores fuerint virtutis Domini in æternum, pro quibus non pepercisti animæ tuæ, propter angustias et tribulationem generis tui, sed subvenisti ruinæ ante conspectum Dei nostri.

℟. Venit contra civitatem rex magnus; * Pauper et sapiens liberavit urbem per sapientiam suam. † Melior est sapientia quam arma bellica. ℣. Infirma mundi elegit Deus ut confundat fortia. * Pauper. Gloria. † Melior est. *Eccles.* 9. 1 *Cor.* 1.

On répète le ℟. jusqu'au ℣.

AU DEUXIÈME NOCTURNE.

Ps. 14. Domine, quis habitabit. *Mardi, au* 1 *Noc*'.

Ant. 4. E. Fecit sibi secretum cubiculum, in quo, cum puellis clausa, jejunabat omnibus diebus, præter festa domûs Israël. *Judith*. 8.

Ps. 15. Conserva me, Domine. *Mercredi, à Complies.*

Ant. 5. a. Munda manebat in tabernaculo, usque dum acciperet escam suam in vespere. *Judith*, 12.

Ps. 41. Quemadmodum desiderat cervus. *Mercredi, à Tierce.*

Ant. 6. F. Domine, nomen tuum et memoriale tuum in desiderio animæ; anima mea desideravit te in nocte. *Is.* 26.

℣. Mediâ nocte surgebam ad confitendum tibi,

℟. Super judicia justificationis tuæ. *Ps.* 118.

Les Leçons du bréviaire.

IV. ℟. Non sit extrinsecus circumdatio auri aut indumenti vestimentorum cultus; sed absconditus cordis homo * In incorruptibilitate quieti et modesti spiritûs. ℣. Fallax gratia, et vana est pulchritudo; omnis gloria ejus filiæ regis ab intus * In. 1 *Petr.* 3. *Prov.* 31. *Ps.* 44.

V. ℟. Scitis à prima die, qualiter vobiscum per omne tempus fuerim. * Serviens Domino cum omni humilitate, et lacrymis, et tentationibus, quæ mihi acciderunt. ℣. Cum mihi molesti essent, induebar cilicio, humiliabam in jejunio animam meam. * Serviens. *Act.* 20. *Ps.* 34.

VI ℟. Virtutes non quaslibet faciebat Deus per manum (ejus); ita ut etiam super languidos deferrentur à corpore ejus sudaria, et semicinctia. * Et † Recedebant languores, et spiritus nequam egrediebantur. ℣. In hoc ostendisti, Domine, quia tu es qui liberas ab omni malo; misericordia tua adveniens sanabat illos. * Et recedebant. Gloria. † Recedébant. *Act.* 19. *Sap.* 16.

On répète le ℟. *jusqu'au* ℣.

AU TROISIÈME NOCTURNE.

Ps. 60. Exaudi, Deus, deprecationem. *Vendredi, au* 2 *Nocturn*

Ant. 7. *d.* Quoniam memor fuit Domini in toto corde, dedit illi Deus gratiam in conspectu regis; pergebat ad omnes, et monita salutis dabat. *Tob.* 1.

Ps. 89. Domine, refugium. *Jeudi, à Prime.*

Ant. 8. G. Dividebat unicuique, prout poterat, de facultatibus suis; esurientes alébat, nudisque vestimenta præbebat. *Tob.* 1.

Ps. 100. Misericordiam. *Mardi, au* 2 *Nocturne.*

Ant. 5. C. Hæc erat plena operibus bonis et eleemosynis quas faciebat. *Act.* 9.

℣. Dispersit, dedit pauperibus.

℟. Justitia ejus manet in seculum seculi. *Ps.* 111

Les Leçons du bréviaire.

VII. ℟. Esuriente terrâ, clamavit populus alimenta petens: crescebat autem quotidie fames: * Aperuitque universa horrea, omnesque veniebant ut malum inopiæ temperarent. ℣. Dixit ad illos: Pusillæ fidei, nolite quærere quid manducetis aut quid bibatis: Pater vester scit quoniam his indigetis. * Aperuit. *Gen.* 41. *Luc.* 12.

VIII. ℟. Operata est consilio manuum suarum; facta est quasi navis institoris de longe portans panem; et de nocte surrexit, accinxit fortitudine lumbos suos, et roboravit brachium suum: non extinguetur in nocte lucerna ejus: * Manum suam aperuit inopi, et palmas suas extendit ad pauperem. ℣. Manifestentur opera ejus, quia in Deo sunt facta. * Manum. *Prov.* 31. *Joan.* 3.

IX. ℟. Esurientes et sitientes clamaverunt ad Dominum, et de necessitatibus eorum liberavit eos; vincula filiorum hominum disrupit; suscepit eos de via iniquitatis eorum, et eripuit eos de interitionibus eorum. * Confitemini illi quoniam bonus, † Quoniam in seculum misericordia ejus. ℣. Gratias ago Deo meo semper in cunctis orationibus meis, pro omnibus vobis cum gaudio deprecationem faciens. * Confitemini. Gloria. † Quoniam. *Ps.* 106. *Philip.* 1.

On répète le ℟. *jusqu'au* ℣.

℣. *Sacerd.* Quis Deus magnus sicut Deus noster?

℟. Tu es Deus, qui facis mirabilia. *Ps.* 76.

A LAUDES.

Psaumes du dimanche.

Ant. 1. a. Properans deprecari pro populis, proferens servitutis scutum, orationem allegans, restitit iræ, et finem imposuit necessitati. *Sap.* 18.

Ant. 3. C. Multi eorum, qui habebant spiritus immundos, clamantes voce magnâ exibant; paralytici et claudi curati sunt; factum est ergo gaudium magnum in civitate. *Act.* 8.

Ant. 4. E. Ecce puer mortuus jacebat, et oravit ad Dominum: oscitavit puer, aperuitque oculos. 4 *Reg.* 4.

CANTIQUE. *Sap.* 16.

Pro tormentis benè disposuisti populum tuum, Domine; * non in perpetuum ira tua permansit.

Sed ad correptionem in brevi turbati sunt, * signum habentes salutis ad commemorationem mandati legis tuæ.

Qui enim conversus est, non per hoc, quod videbat, sanabatur, * sed per te omnium Salvatorem.

In hoc autem ostendisti inimicis nostris, * quia tu es qui liberas ab omni malo.

Filios tuos nec draconum venenatorum vicerunt dentes: * misericordia enim tua adveniens sanabat illos.

In memoria enim sermonum tuorum examinabantur, et velociter salvabantur, * ne in altam incidentes oblivionem, non possent tuo uti adjutorio.

Etenim neque herba, neque malagma sanavit eos, * sed tuus, Domine, sermo, qui sanat omnia.

Tu es enim, Domine, qui vitæ et mortis habes potestatem, * et deducis ad portas mortis, et reducis.

Ant. 2. A. Qui viderunt opera Domini, clamaverunt ad Dominum cum tribularentur, et de necessitatibus eorum eduxit eos. *Ps.* 106.

Ant. 7. *d.* Similis nobis passibilis, oravit, et cœlum dedit pluviam, et terra dedit fructum suum. *Jac.* 5.

CAPITULE. *Judith*, 15.

Benedixerunt eam omnes unâ voce, dicentes : Tu gloria Jerusalem, tu lætitia Israël, tu honorificentia populi nostri.

Hymne : *Gallicæ custos*, pag. 54.

℣. Deus præcinxit me virtute. ℟. Et posuit immaculatam viam meam. *Ps.* 17.

A Benedictus.

Ant. 6. F. Benedicta tu à Deo tuo in omni tabernaculo Jacob, quoniam in omni gente, quæ audierit nomen tuum, magnificabitur super te Deus Israël. *Judith*, 13.

Collecte de la messe.

A PRIME.

Ant. *Properans*. Doxologie : *Æterne sponse*, ℣ du ℟. br *Qui natus es.*

CANON.

Ex Concilio Tridentino. *Sess.* 25.

Mandat sancta Synodus omnibus docendi curam sustinentibus, ut fideles diligenter instruant, Sanctorum cum Christo viventium sancta corpora, quæ viva templa fuerunt Christi, et templum Spiritûs sancti, ab ipso ad æternam vitam

Du Concile de Trente.

Le saint Concile ordonne à tous ceux qui sont chargés de la fonction d'instruire, d'enseigner soigneusement aux fidèles que les corps des Saints qui règnent avec J.-C., qui ont été ses membres vivants et les temples de l'Esprit saint, sont dignes de toute leur vénération, comme devant ressusciter à une vie immortelle et glorieuse, et comme les instruments par lesquels Dieu répand ses faveurs sur les hommes.

suscitanda et glorificanda, à fidelibus veneranda esse: per quæ multa beneficia à Deo hominibus præstantur.

A TIERCE.

Psaumes du dimanche.

Hymne : *O fons amoris*, avec la doxologie suivante :

Jésus, époux éternel des vierges, qui naissez d'une mère Vierge, gloire vous soit rendue, avec le Père et le Saint-Esprit. Amen.

Æterne sponse virginum,
De matre nascens Virgine,
Cum Patre, cumque Spiritu,
Jesu, tibi sit gloria. Amen.

On dit la même doxologie à Sexte, à None et à Complies.

Ant. Les esprits impurs sortaient des corps de plusieurs possédés, poussant de grands cris; beaucoup de paralytiques et de boiteux furent aussi guéris; ce qui remplit la ville d'une grande joie.

Ant. 5. C. Multi eorum qui habebant spiritus immundos, clamantes voce magnâ exibant; paralytici et claudi curati sunt; factum est ergo gaudium magnum in civitate. *Act.* 8.

CAPITULE. *Act.* 5.

On accourait en foule des villes, amenant les malades et les possédés, et ils étaient tous guéris.

Concurrebat multitudo civitatum afferentes ægros et vexatos à spiritibus immundis, qui curabantur omnes.

℟. *br.* Le Seigneur éclaire ceux qui sont aveugles; * il relève ceux qui sont brisés, Alleluia, alleluia. Le Seigneur. ℣. Il donne la nourriture à ceux qui ont faim. * Alleluia. Gloire. Le Seigneur.

℟. *br.* Dominus illuminat cæcos, * erigit elisos, * Alleluia, alleluia. Dominus. ℣. Dat escam * esurientibus. * Alleluia. Gloria. Dominus. *Ps.* 145.

℣. Confiteantur Domino misericordiæ ejus.

℟. Et mirabilia ejus filiis hominum. *Ps.* 106.

℣. Que les miséricordes du Seigneur soient le sujet de ses louanges.

℟. Qu'il soit loué des merveilles qu'il a faites en faveur des hommes.

Collecte de la Messe.

A LA PROCESSION.

℟. Fecit quod placuit Deo; * Et † Fortiter ivit in via, quam mandavit illi Propheta magnus et fidelis in conspectu Dei. ℣. Dominus aperuit cor ejus intendere his quæ dicebantur. * Et fortiter. Gloria. † Fortiter. *Eccli.* 48. *Act.* 16.

℟. Elle fit ce qui était agréable à Dieu; * Elle marcha courageusement dans la voie que lui avait recommandée un grand Prophète, qui a été fidèle aux yeux du Seigneur. ℣. Le Seigneur lui ouvrit le cœur pour entendre avec soumission ce qu'il lui disait. * Elle marcha. Gloire. * Elle marcha.

℣. Adhæsit anima mea post te.

℟. Me suscepit dextera tua, Domine. *Ps.* 62.

℣. Mon âme se tient fortement attachée à vous, Seigneur.

℟. Et votre droite me soutient.

ORAISON.

Respice, quæsumus, Domine, plebem tuam, ut quæ in sancta Virgine Genovefa te mirabilem prædicare non desinit, perpetua donorum tuorum largitate, ipsa intercedente, potiatur; Per Christum.

Daignez, Seigneur, regarder d'un œil favorable votre peuple, afin que, comme il ne cesse de louer vos merveilles dans sainte Geneviève, il obtienne de jouir, par son intercession, de la continuelle abondance de vos dons; Par J. C. N. S.

A LA MESSE.

INTROÏT. *Ps.* 72.

Tenuisti manum dexteram meam, Domine, et

Vous m'avez tenu, Seigneur, par la main droite; vous

m'avez conduite selon votre volonté, et vous m'avez comblée de gloire, ô Dieu, qui êtes le Dieu de mon cœur et mon partage dans toute l'éternité. *Ps.* Que Dieu est bon à Israël, à ceux qui ont le cœur droit! Gloire. Vous m'avez tenue.

in voluntate tua deduxisti me; et cum gloria suscepisti me, Deus cordis mei, et pars mea Deus in æternum. *Ps.* Quàm bonus Israël Deus, * his qui recto sunt corde! Gloria. Tenuisti.

COLLECTE.

O Dieu qui avez conduit sainte Geneviève dès son enfance par les sentiers de la justice, et qui, pour les besoins de votre peuple, lui avez donné la gloire des miracles; conduisez-nous dans les sentiers de vos commandements, afin que, par son intercession, aidés des secours temporels, nous désirions de tout notre cœur les biens éternels. Par J. C. votre Fils notre Seigneur.

Deus, qui beatam Virginem Genovefam ab infantia deduxisti per vias rectas, et eam miraculorum gloria, ad plebis tuæ præsidium, decorasti; deduc nos in semitam mandatorum tuorum, ut auxiliis temporalibus, ipsâ intercedente, non destituti, bona æterna toto corde concupiscamus. Per Dominum.

Si la fête est le dimanche, on en fait mémoire par l'Oraison : **Deus, qui,** *page 25 : de même à la Secrète et à la Postcommunion.*

ÉPITRE.

Lecture du livre de l'Ecclésiastique.

De son temps, Sennacherib vint, et étendit la main contre Sion, et sa puissance le remplit d'orgueil. Alors la frayeur leur saisit le cœur et les mains, ils furent agités comme une femme qui est dans les douleurs de l'enfantement. Ils invoquèrent le Seigneur plein de miséricorde, ils étendirent leurs mains et les élevèrent au ciel, et le Saint, le Seigneur notre Dieu écouta bientôt leur

Lectio libri Ecclesiastici. *Cap.* 48.

In diebus ipsius, ascendit Sennacherib, et extulit manum suam in Sion, et superbus factus est potentiâ suâ. Tunc mota sunt corda et manus ipsorum, et doluerunt quasi parturientes mulieres. Et invocaverunt Dominum misericordem; et expandentes manus suas, extulerunt ad cœlum, et Sanctus Dominus Deus audivit cito vocem ipsorum : non est commemoratus peccatorum illorum, neque dedit illos inimicis suis.

voix. Il ne se souvint point de leurs péchés, et ne les livra point à leurs ennemis.

GRADUEL. *Esther* 14.

Deprecabatur Deum, dicens : Domine, adjuva me solitariam, et cujus præter te nullus est auxiliator alius. ℣. Clamavit ad Dominum, et salvum fecit Dominus populum suum liberavitque ab omnibus malis. *Esther*, 10.

Elle priait le Seigneur en disant : Seigneur, assistez-moi dans l'abandon où je suis, puisque vous êtes le seul qui me puissiez secourir. ℣. Elle cria au Seigneur, et le Seigneur sauva son peuple, et le délivra de tous ses maux.

Alleluia, alleluia.

℣. In operibus bonis testimonium habens, tribulationem patientibus subministravit; omne opus bonum subsecuta est. Alleluia. 1 *Tim.* 5.

℣. On a rendu témoignage à ses bonnes œuvres, elle a secouru les affligés; elle s'est appliquée à toutes sortes d'exercices de piété. Alleluia.

PROSE.

Virgo decus patriæ,
Spes salusque Galliæ,
Cara sponso Virgini.

O Geneviève, vous êtes la gloire de notre patrie, l'espérance et le salut de la France, l'objet de la tendresse de J. C. votre époux.

Dei ductus lumine,
Germanus ex omine
Te consecrat numini.

Guidé par une lumière divine et une inspiration prophétique, Germain vous consacre à votre Dieu.

Plebi dum placas Deum,
In te virus impium
Livor edax explicat.

Tandis que vous n'êtes occupée qu'à attirer les faveurs de Dieu sur votre peuple, l'envie distille sur vous son poison.

Depulsis calumniis,
Missis et eulogiis,

Mais le saint Pontife repousse la calomnie, et venge

votre innocence en vous envoyant des eulogies (qui sont un signe de communion).	Pontifex te vindicat.
Qu'un conquérant barbare fasse entendre ses hurlements, qu'il vole vers Paris ; vous rendez sa fureur impuissante.	Hunnus ferox ululet, Parisios advolet ; Mox repellis furias.
Que la famine exerce ses ravages, qu'un feu brûlant dévore ses malheureuses victimes : vous arrêtez tous ces fléaux.	Fame cives pereant, Tabe carnes ardeant ; Clades sistis noxias.
Vous commandez ! et le muet parle, le sourd entend, l'aveugle voit, le boiteux marche.	Mutus voces elicit, Surdus audit, aspicit Cæcus, claudus ambulat.
La mort elle-même reconnaît votre empire ; et le démon, frémissant de rage, sort du corps des possédés.	Mors tuis et nutibus Subditur, corporibus Fremens dæmon exulat.
Si une chaleur excessive brûle nos campagnes, si des pluies trop abondantes les inondent, aussitôt vous portez le secours nécessaire.	Æstus agros torreat, Imbre tellus madeat, Præsens fers auxilium.
Que par vous la charité règne dans nos cœurs ; que nous jouissions en cette vie de la santé du corps, et dans le ciel des joies éternelles. Amen.	Per te menti caritas, Corpori sit sanitas ; Sit perenne gaudium. Amen.

ÉVANGILE.

Suite du saint Évangile selon saint Matthieu.	Sequentia sancti Evangelii secundum Matthæum. *Cap.* 25.
En ce temps-là, Jésus dit à ses disciples cette parabole : Le royaume des cieux sera semblable à dix vierges, qui ayant pris leurs lampes, s'en allè-	In illo tempore, Dixit Jesus discipulis suis parabolam hanc : Simile erit regnum cœlorum decem virginibus; quæ, accipien-

tes lampades suas, exierunt obviam sponso et sponsæ. Quinque autem ex eis erant fatuæ, et quinque prudentes. Sed quinque fatuæ, acceptis lampadibus, non sumpserunt oleum secum; prudentes vero acceperunt oleum in vasis suis cum lampadibus. Moram autem faciente sponso, dormitaverunt omnes et dormierunt. Mediâ autem nocte clamor factus est : Ecce sponsus venit, exite obviàm ei. Tunc surrexerunt omnes virgines illæ, et ornaverunt lampades suas. Fatuæ autem sapientibus dixerunt : Date nobis de oleo vestro, quia lampades nostræ extinguuntur. Responderunt prudentes, dicentes : Ne fortè non sufficiat nobis et vobis, ite potius ad vendentes, et emite vobis. Dum autem irent emere, venit sponsus : et quæ paratæ erant, intraverunt cum eo ad nuptias, et clausa est janua. Novissimè verò veniunt et reliquæ virgines, dicentes : Domine, Domine, aperi nobis. At ille respondens ait : Amen dico vobis, nescio vos. Vigilate itaque, quia nescitis diem neque horam.

rent au-devant de l'époux et de l'épouse. Il y en avait cinq d'entre elles qui étaient folles, et cinq qui étaient sages. Mais les cinq folles, ayant pris leurs lampes, ne prirent point d'huile avec elles; les sages, au contraire, prirent de l'huile dans leurs vases avec leurs lampes. Or comme l'époux tardait à venir, elles s'assoupirent toutes et s'endormirent. Mais, sur le minuit, on entendit un grand cri : Voici l'époux qui vient, allez au-devant de lui. Aussitôt toutes ces vierges se levèrent et préparèrent leurs lampes. Mais les folles dirent aux sages : Donnez-nous de votre huile, parce que nos lampes s'éteignent. Les sages leur répondirent : De peur que ce que nous en avons ne suffise pas pour vous et pour nous, allez plutôt à ceux qui en vendent, et achetez-en pour vous. Mais, pendant qu'elles allaient en acheter, l'époux arriva, et celles qui étaient prêtes entrèrent avec lui dans la salle des noces, et la porte fut fermée. Enfin les autres vierges vinrent aussi, et dirent : Seigneur, Seigneur, ouvrez-nous. Mais il leur répondit : Je vous le dis en vérité, je ne vous connais point. Veillez donc, parceque vous ne savez ni le jour ni l'heure.

OFFERTOIRE.

Venerunt nuptiæ Agni, et uxor ejus præpara-

Les noces de l'Agneau sont venues, et son épouse s'y est

préparées. Heureux ceux qui ont été appelés au banquet des noces de l'Agneau.

vitæ. Beati qui ad cœnam nuptiarum Agni vocati sunt. *Apoc.* 19.

SECRÈTE.

O Dieu, qui êtes la récompense infiniment grande des vierges, que sainte Geneviève a choisi pour unique époux; recevez, par ses prières, le sacrifice que nous offrons à votre majesté, afin qu'en annonçant la mort que votre Fils a soufferte dans son état d'infirmité, nous nous préparions à la gloire qu'il doit manifester en paraissant dans l'éclat de sa puissance; Par le même J. C.

Deus, virginum merces magnanimis, cui soli elegit adhærere beata Genovefa; ad preces ejus, suscipe quod majestati tuæ offerimus sacrificium: ut, qui Filii tui mortem, quam in humilitate passus est, annuntiamus, gloriæ quam in virtute veniens manifestaturus est præparemur; Per eumdem.

PRÉFACE.

Il est véritablement juste et raisonnable, il est équitable et salutaire de vous rendre grâce en tout temps et en tout lieu, Seigneur très saint, Père tout-puissant, Dieu éternel, qui êtes glorifié dans l'assemblée des Saints, et qui, en couronnant leurs mérites, couronnez vos dons: qui nous donnez dans la vie sainte qu'ils ont menée, des modèles que nous avons à suivre; dans la communion avec eux, une association qui tourne à notre avantage; dans leur intercession pour nous, des protecteurs sensibles à nos besoins; afin qu'étant environnés d'une si grande foule de témoins, nous courions par la patience dans la carrière qui nous est ouverte, et que nous

Vere dignum et justum est, æquum et salutare, nos tibi semper et ubique gratias agere, Domine sancte, Pater omnipotens, æterne Deus; qui glorificaris in concilio Sanctorum; et eorum coronando merita, coronas dona tua: qui nobis in eorum præbes conversatione exemplum, et communione consortium, et intercessione subsidium; ut, tantam habentes impositam nubem testium, per patientiam curramus ad propositum nobis certamen, et cum eis percipiamus immarcessibilem gloriæ coronam; per Jesum Christum Dominum nostrum, cujus sanguine ministratur nobis introitus in æternum regnum : per quem majestatem tuam trementes adorant Angeli, et omnes Spirituum cœlestium chori socia exultatione concelebrant. Cum quibus et nostras voces ut admitti jubeas deprecamur, supplici confessione dicentes: Sanctus.

recevions avec eux cette couronne de gloire, qui ne se flétrit point, et que nous attendons par Jésus-Christ notre Seigneur, dont le sang nous donne entrée au royaume éternel. C'est par le même Jésus-Christ que les Anges adorent en tremblant votre majesté suprême, et que tous les chœurs des Esprits célestes célèbrent vos louanges dans les transports d'une sainte joie. Faites que nous unissions nos voix à celles de ces Esprits bienheureux, pour chanter avec eux :

COMMUNION.

Exultavit cor meum in Domino, et exaltatum est cornu meum in Deo meo : dilatatum est os meum, quia lætata sum in salutari tuo : non est sanctus ut est Dominus. 1 *Reg.* 2.

Mon cœur a tressailli d'allégresse dans le Seigneur, et mon Dieu m'a comblée de gloire : ma bouche s'est ouverte, parce que j'ai mis ma joie dans la salut que j'ai reçu de vous; nul n'est saint comme l'est le Seigneur.

POST COMMUNION.

Famulis tuis cœlesti mensæ participantibus, Domine, salutarem lætitiæ sensum inspira, quem in te solo, bonorum omnium fonte, quæsitum semper et repertum diffundebat Virgo Genovefa ; ut tibi pariter adhærentes, superno cibo unicè delectemur ; Per Dominum.

Répandez, Seigneur, dans l'âme de vos serviteurs, qui participent au banquet céleste, cette joie divine que sainte Geneviève n'a jamais cherchée qu'en vous, qu'elle y a trouvée et qu'elle communiquait aux autres; afin que, vous prenant comme elle pour notre partage, nous mettions toutes nos délices dans cette nourriture céleste; Par N. S.

A SEXTE.

Ant. Un enfant était étendu mort; elle pria le Seigneur, l'enfant bâilla, et ouvrit les yeux.

Ant. 4. E. Ecce puer mortuus, jacebat et oravit ad Dominum : oscitavit puer aperuitque oculos. *4 Reg. 4.*

CAPITULE. *Sap.* 16.

C'est vous, Seigneur, qui avez la puissance de la vie et de la mort, qui conduisez aux portes de la mort, et qui en ramenez.

Tu es, Domine, qui vitæ et mortis habes potestatem, et deducis ad portas mortis, et reducis.

℟. *br.* Dieu est pour nous un Dieu sauveur, * Alleluia, alleluia. ℣. Il est le Seigneur des seigneurs, c'est à lui qu'il appartient de délivrer de la mort. * Alleluia. Gloire. Dieu.

℟. *br.* Deus noster, * Deus salvos faciendi, * Alleluia, alleluia. Deus. ℣. Et Domini domini * exitus mortis. * Alleluia. Gloria. Deus. *Ps.* 67.

℣. La source de la vie est en vous, Seigneur. ℟. Et c'est dans votre lumière que nous verrons la lumière.

℣. Apud te, Domine, est fons vitæ. ℟. Et in lumine tuo videbimus lumen. *Ps.* 35.

Collecte de la Messe.

A NONE.

Ant. Sujette comme nous aux misères de la vie, elle pria; et le ciel donna de la pluie, et la terre produisit son fruit.

Ant. 7. d. Similis nobis passibilis, oravit; et cœlum dedit pluviam et terra dedit fructum suum. *Jac.* 5.

CAPITULE. *Eccli.* 35.

La prière de celui qui s'humilie percera les nuées, elle ne s'arrêtera point qu'elle n'ait été jusqu'à Dieu, et elle ne se retirera point jusqu'à ce que le Très-Haut la regarde, et le Seigneur ne différera pas long-temps.

Oratio humiliantis se, nubes penetrabit; et donec propinquet, non consolabitur; et non discedet, donec Altissimus aspiciat; et Dominus non elongabit.

℟. *br.* Prætende misericordiam tuam * scientibus te, Domine, * Alleluia, alleluia. ℣. Et justitiam tuam * his qui recto sunt corde. * Alleluia. Gloria. Prætende. *Ps.* 35.

℟. *br.* Etendez votre miséricorde sur ceux qui vous connaissent, Seigneur, * Alleluia, alleluia. Etendez. ℣. Et votre justice sur ceux qui ont le cœur droit. * Alleluia. Gloire. Etendez.

℣. Voluntatem timentium se faciet Dominus.

℣. Le Seigneur accomplira la volonté de ceux qui le craignent.

℟. Et deprecationem eorum exaudiet, et salvos faciet eos. *Ps.* 144.

℟. Et il exaucera leurs prières et les sauvera.

Collecte de la Messe, pag. 42.

AUX SECONDES VÊPRES.

Ps. 109. Dixit Dominus. *Dimanche, à Vêpres.*

Ant. 6. F. Hæc usque ad annos octoginta quatuor, jejuniis et obsecrationibus serviens nocte ac die, confitebatur Domino, et loquebatur de illo omnibus. *Luc.* 2.

Ant. Elle a vécu jusqu'à quatre-vingt-quatre ans, servant Dieu jour et nuit, dans les jeûnes et les prières; elle louait le Seigneur, et parlait de lui à tous.

Ps. 112. Laudate, pueri. *Dimanche, à Vêpres.*

Ant. 2. D. Erat in omnibus famosissima, quoniam timebat Dominum valde. *Judith,* 8.

Ant. Elle était très estimée de tout le monde, parce qu'elle avait une grande crainte du Seigneur.

Ps. 120. Levavi oculos. *Lundi, à Vêpres.*

Ant. 3. E. Cum ab infantia sua semper Deum timuerit, et mandata ejus custodierit, immobilis in Dei timore permansit, agens gratias Deo omnibus diebus. *Tob.* 2.

Ant. Ayant toujours craint Dieu dès son enfance, et ayant gardé ses commandements, elle demeura ferme et immobile dans la crainte du Seigneur, rendant grâces à Dieu tous les jours de sa vie.

Ps. 122. Ad te levavi. *Mercredi, à Vêpres.*

Ant. Elle mourut et fut ensevelie; tout le peuple la pleura, et plusieurs années après sa mort, il ne se trouva personne qui troublât Israël.

Ant. 4. E. Defuncta est ac sepulta, luxitque illam omnis populus; non fuit qui perturbaret Israël post mortem ejus annis multis. *Judith*, 16.

Ps. 137. Confitebor tibi ... quoniam. *Jeudi, à Vêpres.*

Ant. Sa mémoire est immortelle, et elle est en honneur devant Dieu et devant les hommes : elle triomphe et est couronnée pour jamais.

Ant. 5. C. Immortalis est memoria illius, quoniam et apud Deum nota est et apud homines : in perpetuum coronata triumphat. *Sap.* 4.

CAPITULE. *Judith*, 13.

Béni soit le Seigneur qui a créé le ciel et la terre; car il a rendu votre nom si célèbre, que les hommes se souvenant éternellement de la puissance du Seigneur, ne cesseront jamais de vous louer.

Benedictus Dominus, qui creavit cœlum et terram, quia nomen tuum ita magnificavit, ut non recedat laus tua de ore hominum qui memores fuerint virtutis Domini in æternum.

HYMNE.

Unissez-vous, Esprits célestes, à la gloire d'une Vierge dont la naissance fut pour vous un sujet de joie; Geneviève monte aujourd'hui triomphante dans le royaume destiné aux épouses fidèles du Roi des rois.

Cœlo receptam plaudite, Cœlites :
Quæ vestra nascens gaudia fecerat,
Sponsæ fideli destinatum
Intrat ovans Genovefa regnum.

Pendant que votre âme jouit de Dieu dans le sein du souverain bonheur, illustre Geneviève, la terre conserve vos précieuses dépouilles. Vous ne nous quittez pas tout entière ;

Dum mens adepto perfruitur Deo,
Tellus verendas exuvias habet :
Non tota discedis, superstes

Ossibus est cinerique virtus.

nous ressentons les effets de la vertu que Dieu communique à vos ossements et à vos cendres.

Procul malorum jussa fugit cohors,
Utcumque votis te populi colunt,
Arcere morbos efficacem,
Atque truci dare jura letho.

Autant de fois que les peuples vous invoquent, aussitôt toutes les calamités prennent la fuite. Tous ressentent le pouvoir que vous avez d'écarter les maladies et de donner des lois à la mort.

Te civis ambit, seu calamo seges
Arente languet, seu madido natat;
Et imbris et solis potentem
Supplicibus veneratur ulnis.

Le Français réclame votre secours : soit que la sécheresse ou la pluie désole les campagnes, il tend les bras vers vous, plein de confiance au pouvoir que Dieu vous a donné sur les éléments.

Sublimis arca, cernis ut ad tuos
Sternit recumbens se Clodoix pedes;
Tuumque Francis, Diva, poscit
Præsidium columenque rebus.

Du haut du trône où vous êtes élevée, vous voyez le grand Clovis, prosterné à vos pieds, vous implorer comme l'appui et le soutien de la France.

Heu! quot procellis cingimur, ô Deus!
Diri quot hostes insidias parant!
Da corpus invictum periclis,
Da niveam sine labe mentem.

Hélas ! Seigneur, de quels maux et de quelles tempêtes ne sommes-nous pas environnés ! que d'ennemis cruels nous dressent des embûches ! faites que notre âme demeure pure et sans tache devant vous, et que notre corps soit victorieux de tous les périls.

Laus summa Patri, summaque Filio :
Tibique compar gloria, Spiritus,

Gloire infinie au Père, gloire infinie au Fils, gloire infinie au Saint-Esprit, qui fait triompher l'illustre Geneviève et la rend célèbre par une multitude de prodiges. Amen.

Per quem triumphatrix refulget Magnificis Genovefa signis. Amen.

℣. Tous mes os diront :

℣. Omnia ossa mea dicent :

℟. Seigneur, qui est semblable à vous ?

℟. Domine, quis similis tibi ? *Ps*. 34.

A Magnificat.

Ant. Ayez égard, ô Seigneur Dieu, à ses prières : écoutez celles qu'elle vous fait d'exaucer les supplications de votre peuple d'Israël et de lui accorder tout ce qu'il vous demandera dans ce lieu.

Ant. 7. G. Respice ad preces ejus, Domine Deus; audi orationem quam orat coram te, ut exaudias deprecationem populi tui Israël, quodcumque oraverint in loco isto. 3 *Reg*. 8.

Collecte de la Messe, pag. 43.

S'il est samedi ou dimanche, on en fait mémoire.

A COMPLIES.

Ant. Je suis à mon bien-aimé, et son cœur se tourne vers moi.

Ant. 2. A. Ego dilecto meo, et ad me conversio ejus. *Cant*. 7.

A Nunc dimittis.

Ant. J'entends la voix de mon bien-aimé qui frappe : Ouvrez-moi, ma sœur, vous qui êtes mon épouse sans tache.

Ant. 3. E. Vox dilecti mei pulsantis: Aperi mihi, soror mea, immaculata mea. *Cant*. 5.

AU SALUT.

Après le ℟ *Fecit* pag. 42 et la Prose, pag. 44.

℣. Recevez favorablement notre très humble supplication: ℟. Et priez pour nous le Seigneur Dieu.

℣. Cadat oratio nostra in conspectu tuo : ℟. Et ora pro nobis ad Dominum Deum. *Jerem*. 42.

ORAISON.

Le jour étant déjà sur son

Inclinata jam die, te

supplices, Domine, deprecamur, ne in caliginosa hujus seculi nocte desit nobis oleum carit tis, quo prudentis Virginis Genovefæ lampas semper et ubique tibi resplenduit; Per Christum.

déclin, nous vous supplions très humblement, Seigneur, afin d'obtenir qu'au milieu de la nuit épaisse de ce siècle, nous ne manquions point de l'huile de la charité dont sainte Geneviève, votre Vierge prudente, a constamment fait briller sa lampe; Par J.-C. N. S.

PENDANT L'OCTAVE.

Après la Grand'Messe, on va processionnellement à la chapelle du Tombeau, en chantant :

HYMNE.

Gallicæ custos, Genovefa, gentis,
Quæ tibi virtus data! quæ potestas!
Signa te Francis decorant morantem
Splendida terris.

Vierge sainte, qui protégez la nation française, quelle vertu, quelle puissance ne reçûtes-vous pas du ciel! Vous êtes devenue illustre par d'éclatants prodiges, lors même que vous habitiez sur la terre.

Imperas! lætum pede cernit æquo
Cæcus exultans properare claudum :
Mutus et surdo stupet audienti
Promere voces.

Vous commandez! et l'aveugle voit avec transport le boiteux qui marche d'un pas ferme, et le muet est étonné de parler au sourd qui l'entend.

Morte præreptum genitrix puellum
Flebat : exanguem tua dextra tangit;
Redditur luci; ruit in parentis
Oscula natus.

Une tendre mère pleurait un fils que la mort venait de lui enlever; vous étendez la main sur son cadavre, aussitôt l'enfant ressuscité se jette au cou de sa mère.

Crescit hinc nomen, vehiturque cursu
Fama veloci geminos ad axes;
Plaudit ex alto Simeon; Stylitæ

Bientôt le bruit de votre nom, porté sur les ailes de la renommée, vole d'une extrémité du monde à l'autre; Siméon, du haut de sa colonne, applaudit à votre gloire, et l'univers entier y joint son suffrage.

Une famine cruelle, jointe, hélas! à une guerre malheureusement trop longue, ravage Paris. Sainte Patronne, l'abandonnerez-vous? Le citoyen qui va périr vous demande des aliments.

Pleine de courage, vous passez à travers les bataillons ennemis; un fleuve impétueux ne vous effraie pas; et vous mettant à la tête des plus hardis, vous apportez à des citoyens affamés des aliments long-temps désirés.

C'est par vous que le grand Clovis, brisant les statues de ses fausses divinités, consacre des temples à J.-C.; que, foulant aux pieds Jupiter adoré jusqu'alors, il soumet la France au Dieu véritable.

O Dieu! qui savez amollir et soumettre le cœur des rois, rendez-nous dociles à vos commandements, pour nous transporter dans les tabernacles éternels où règne la Vierge que nous honorons.

Amen.

Accinit orbis.

Heu! nimis longo sociata bello
En fames ægram populatur urbem.
Diva, quid cessas? Periturus orat
Pabula civis.

Is per hostiles animosa turmas,
Nec procellosum trepidas ad amnem,
Virgo dux facti, revehisque dulces
Civibus escas.

Subruit per te simulacra divûm,
Ponit et Christo Clodoveus aras;
Jamque calcato Jove, subdit alto
Sceptra Tonanti.

Corda qui mulces subigisque regum,
O Deus! nostras tibi subde mentes:
Nos et æternas, ubi Virgo regnat,
Transfer ad arces.

Amen.

℣. et Oraison de la procession, pag. 42.

En retournant au chœur, on chante, du 6, en C

Psaume 147.

Jérusalem, loue le Seigneur; Sion, loue ton Dieu:

Car il a mis de fortes barrières à tes portes; il a béni tes enfants au milieu de toi;

Lauda, Jerusalem, Dominum; * lauda Deum tuum, Sion:

Quoniam confortavit seras portarum tuarum; * benedixit filiis tuis in te;

Qui posuit fines tuos pacem ; * et adipe frumenti satiat te ;

Il a établi la paix sur tes frontières ; il te rassasie du plus pur froment ;

Qui emittit eloquium suum terræ, * velociter currit sermo ejus ;

Il envoie ses ordres à la terre, et ils sont portés partout avec diligence ;

Qui dat nivem sicut lanam, * nebulam sicut cinerem spargit ;

Il fait tomber la neige sur la terre, comme des flocons de laine ; il y répand le brouillard comme la cendre ;

Mittit crystallum suam sicut buccellas : * ante faciem frigoris ejus quis sustinebit?

Il la couvre aussi de glace, comme de plusieurs morceaux de cristal : qui peut alors soutenir la rigueur du froid qu'il envoie ?

Emittet verbum suum, et liquefaciet ea : * flabit spiritus ejus, et fluent aquæ.

Il commande, et la glace se fond : il envoie le vent du midi, et les eaux coulent.

Qui annuntiat verbum suum Jacob, * justitias et judicia sua Israël.

Il manifeste sa parole à Jacob, ses lois et ses ordonnances à Israël.

Non fecit taliter omni nationi, * et judicia sua non manifestavit eis.

Il n'a point fait la même grâce à toutes les nations, et il ne les a pas instruites de ses commandements.

Ant. Benedicta tu à Deo tuo in omni tabernaculo Jacob, quoniam in omni gente, quæ audierit nomen tuum, magnificabitur super te Deus Israël. *Judith*, 13.

Ant Vous êtes bénie de votre Dieu dans toute la maison de Jacob, parce que le Dieu d'Israël sera pour jamais glorifié en vous parmi tous les peuples qui entendront parler de votre nom.

La procession étant rentrée au chœur,

ORAISON.

Prosit famulis tuis, Domine, repetita beatæ Genovefæ solemnitas, ut prudentis illius Virginis

Seigneur, que la fête de sainte Geneviève, dont nous réitérons la solennité, soit utile à vos serviteurs, et faites que ne nous contentant pas de louer cette Vierge prudente, sans l'imiter, nous allions, avec des lampes pleines de l'huile des bonnes œuvres, au-devant de J.-C. N. S, Qui étant Dieu.

laudatores non otiosi, cum lucernis bonorum operum oleo semper ardentibus procedamus obviam Domino nostro Jesu Christo; Qui tecum vivit et regnat in unitate.

Ensuite la Bénédiction du Très Saint-Sacrement.

Le 4 janvier, s'il est dimanche, tout l'Office du dimanche, avec mémoire de sainte Geneviève.

Le 5 janvier, s'il est dimanche, tout l'Office de la vigile de l'Épiphanie, avec mémoire de sainte Geneviève.

Dans ces deux cas, la deuxième Grand'Messe de sainte Geneviève.

Le 10 janvier, l'Octave de sainte Geneviève, *Double-majeur*, l'Office comme le jour de la fête, avec mémoire de l'Épiphanie.

Voyez le *Calendrier*, pag. 4.

LE 2 DIMANCHE APRÈS L'ÉPIPHANIE.

FÊTE DE SAINT HILAIRE,

Patron de l'Église paroissiale dont le territoire a été réuni à celui de Saint-Étienne-du-Mont.

SOLENNEL-MINEUR.

Voyez le Calendrier, pag. 5.

A TIERCE.

Hymne : *O fons amoris*, avec la Doxologie :

Gloire à vous, ô Jésus, qui êtes la vraie lumière des esprits, soyez honoré avec le Père et le Saint-Esprit dans

Qui vera lux es mentium,
Jesu, tibi sit gloria,
Cum Patre, cumque Spiritu,

In sempiterna secula. Amen.

tous les siècles des siècles. Amen.

On dit la même doxologie à Sexte, à None et à Complies.

Ant. 6. F. Sermo meus non in persuasibilibus humanæ sapientiæ verbis; sed in ostensione Spiritûs et virtutis. 1 *Cor.* 2.

Ant. Je n'ai point employé, pour persuader, les discours de la sagesse humaine; mais les effets sensibles de l'Esprit et de la vertu de Dieu.

CAPITULE. 1 *Cor.* 12.

Unicuique datur manifestatio Spiritûs ad utilitatem : alii quidem per Spiritum datur sermo sapientiæ : alii autem sermo scientiæ secundùm eumdem Spiritum.

Les dons du Saint-Esprit qui se manifestent au dehors, sont donnés à chacun pour l'utilité des fidèles : l'un reçoit du St-Esprit le don de parler avec sagesse : l'autre reçoit du même Esprit le don de parler avec science.

℟. *br.* Da mihi intellectum *, et scrutabor legem tuam, * Alleluia, alleluia. Da mihi. ℣. Statue servo tuo * eloquium tuum, Domine. * Alleluia. Gloria. Da mihi. *Ps.* 118.

℟. *br.* Donnez-moi, Seigneur, l'intelligence de votre loi, afin que je la médite; * Alleluia, alleluia. Donnez-moi. ℣. Affermissez votre loi dans le cœur de votre serviteur. * Alleluia. Gloire. Donnez-moi.

℣. Os meum loquetur sapientiam. ℟. Et meditatio cordis mei prudentiam. *Ps.* 48.

℣. Ma bouche parlera de la sagesse. ℟. Et les réflexions de mon cœur enseigneront la prudence.

Collecte de la Messe.

A LA PROCESSION.

℟. Super salutem et speciem dilexi sapientiam; * Et † Proposui pro luce habere illam; venerunt autem mihi omnia bona pariter cum illa. ℣. Quæ desursum est sapientia, pudica est, pacifica, plena mi-

℟. J'ai aimé la sagesse plus que la santé et que la beauté : * J'ai résolu de la prendre pour ma lumière, et tous les biens me sont venus avec elle. ℣. La sagesse qui vient d'en haut est chaste et amie de la paix : elle est pleine de miséricorde et de bonnes œuvres ; * J'ai résolu. Gloire. * J'ai résolu.

℣. O Dieu, vous m'avez instruit : ℟. Je publierai vos merveilles.

sericordiâ et fructibus bonis ; * Et proposui. Gloria. † Proposui.

℣. Deus, docuisti me : ℟. Pronuntiabo mirabilia tua. *Ps.* 70.

ORAISON.

O Dieu, qui avez donné à votre Eglise saint Hilaire Docteur, pour préparer un antidote salutaire contre le venin de l'erreur ; accordez-nous la grâce, que celui qui a combattu sur la terre pour la défense de la vérité qu'enseigne l'Eglise, supplie toujours votre majesté dans le ciel pour la conservation de ce dépôt sacré ; Par J.-C. N. S.

Deus, qui ad præparanda errorum veneno remedia, sanctum Hilarium Doctorem Ecclesiæ tuæ dedisti ; concede, ut qui pro tuenda Ecclesiastica veritate dimicavit in terris, nunc in cœlis pro eadem conservanda tuam semper exoret majestatem ; Per Christum.

A LA MESSE.

INTROÏT. *Ps.* 39.

Seigneur, je n'ai point caché votre justice dans le secret de mon cœur : j'ai publié votre vérité et votre protection salutaire : je n'ai point caché votre miséricorde et votre vérité dans l'assemblée des fidèles. *Ps.* J'ai attendu le Seigneur avec persévérance ; et il s'est enfin abaissé vers moi. Gloire au Père. Seigneur.

Justitiam tuam, Domine, non abscondi in corde meo ; veritatem tuam et salutare tuum dixi : non abscondi misericordiam tuam et veritatem tuam à concilio multo. *Ps.* Expectans expectavi Dominum ; * et intendit mihi. Gloria Patri. Justitiam.

COLLECTE.

Rendez-nous utile, Seigneur, la fête de saint Hilaire, votre Pontife ; et faites que celui qui a conservé dans toute sa pureté la foi de la consubstantialité de votre Verbe dans les Eglises de France, nous ob-

Prosit nobis, Domine, beati Pontificis Hilarii festiva solemnitas : ut sicut consubstantialis tibi Verbi fidem per universas Gallias servavit illæsam ; ita nos ejus intercessione in eâdem fide stabiles ipsi soli semper Verbo vivamus Filio tuo Domino nostro; [Qui tecum vivit.]

tienne par son intercession la grâce de demeurer fermes dans la même foi, et de ne vivre que pour le même Verbe Jésus-Christ votre Fils notre Seigneur; [Qui étant Dieu vit et règne.]

Mémoire du Dimanche.

Omnipotens sempiterne Deus, qui cœlestia simul et terrena moderaris: supplicationes populi tui clementer exaudi, et pacem tuam nostris concede temporibus; Per Dominum.

Dieu tout-puissant et éternel, qui réglez avec une souveraine sagesse tout ce qui se passe dans le ciel et sur la terre: écoutez favorablement les prières de votre peuple, et faites-nous jouir pendant cette vie de la paix que vous seul pouvez nous donner; Par N. S.

ÉPITRE.

Lectio Epistolæ beati Joannis Apostoli. 1 *Joan.* 2.

Lecture de l'Épitre de l'Apôtre S. Jean.

Filioli, novissima hora est; et sicut audistis quia Antichristus venit, et nunc antichristi multi facti sunt; unde scimus quia novissima hora est. Ex nobis prodierunt; sed non erant ex nobis. Nam si fuissent ex nobis, permansissent utique nobiscum; sed ut manifesti sint quoniam non sunt omnes ex nobis. Sed vos unctionem habetis à Sancto, et nostis omnia. Non scripsi vobis quasi ignorantibus veritatem, sed quasi scientibus eam, et quoniam omne mendacium ex veritate non est. Quis est

Mes petits enfants, c'est ici la dernière heure: vous avez ouï dire que l'Antechrist doit venir, et dès à présent, il y a plusieurs antechrists; ce qui nous fait connaître que nous sommes à la dernière heure. Ils sont sortis d'avec nous; mais ils n'étaient pas des nôtres. Car s'ils eussent été des nôtres, ils seraient demeurés avec nous; mais c'est afin qu'on reconnût que tous ne sont pas des nôtres. Pour vous, vous avez reçu l'onction du Saint, et vous êtes instruits de tout. Je ne vous ai pas écrit comme à des gens qui ignorent la vérité, mais comme à des gens qui la connaissent, et qui savent que nul mensonge ne peut venir de la vérité. Qui est-ce qui est menteur, sinon celui qui nie que Jésus soit le Christ? Celui-là est un Antechrist qui renonce le Père et le Fils. Quiconque renonce le Fils, ne reconnaît point le Père, et quiconque confesse le Fils, reconnaît aussi le Père. Faites donc en sorte que ce que vous avez appris dès le commencement, demeure toujours en vous. Que si ce que vous avez appris dès le commencement demeure en vous, vous demeurerez aussi dans le Fils et dans le Père. Et c'est ce que lui-même nous a promis, en nous promettant la vie éternelle.

mendax, nisi is qui negat quoniam Jesus est Christus? Hic est Antichristus, qui negat Patrem et Filium. Omnis qui negat Filium, nec Patrem habet: qui confitetur Filium, et Patrem habet. Vos quod audistis ab initio, in vobis permaneat. Si in vobis permanserit quod audistis ab initio, et vos in Filio et Patre manebitis. Et hæc est repromissio, quam ipse pollicitus est nobis, vitam æternam.

GRADUEL. 2 *Cor.* 6 *et* 14.

Montrons-nous les fidèles ministres de Dieu, en souffrant les afflictions avec beaucoup de patience; en annonçant la parole de la vérité, par la force de Dieu, par les armes de la justice, pour combattre à droite et à gauche. ℣. Comme nous avons l'esprit de foi, nous croyons : et c'est pour cela que nous parlons avec liberté.

Exhibeamus nosmetipsos sicut Dei ministros, in multa patientia, in tribulationibus, in verbo veritatis, in virtute Dei, per arma justitiæ, à dextris et à sinistris. ℣. Habentes spiritum fidei, credimus : propter quod et loquimur.

Alleluia, alleluia.

℣. Il a poursuivi les méchants qui troublaient son peuple : il a mis en fuite tous les ouvriers d'iniquité : et son bras a procuré le salut de ceux qui étaient confiés à ses soins. Alleluia.

℣. Persecutus est iniquos, qui conturbabant populum suum : et omnes operarii iniquitatis conturbati sunt : et directa est salus in manu ejus. Alleluia. 1 *Mach.* 3.

ÉVANGILE.

Sequentia sancti Evangelii secundum Joannem. *Cap.* 10.

In illo tempore ; Circumdederunt Jesum Judæi, et dicebant ei : Quousque animam nostram tollis? Si tu es Christus, dic nobis palàm. Respondit eis Jesus : Loquor vobis, et non creditis. Opera quæ ego facio in nomine Patris mei, hæc testimonium perhibent de me : sed vos non creditis, quia non estis ex ovibus meis. Oves meæ vocem meam audiunt : et ego cognosco eas, et sequuntur me : et ego vitam æternam do eis ; et non peribunt in æternum, et non rapiet eas quisquam de manu meâ. Pater meus quod dedit mihi, majus omnibus est ; et nemo potest rapere de manu Patris mei. Ego et Pater unum sumus. Sustulerunt ergò lapides Judæi, ut lapidarent eum. Respondit eis Jesus : Multa bona opera ostendi vobis ex Patre meo ; propter quod eorum opus me lapidatis? Responderunt ei Judæi : De bono opere non lapidamus te, sed de blasphemiâ ; et quia tu, homo cùm sis, facis teipsum Deum. Respondit eis Je-

Suite du saint Évangile selon S. Jean.

En ce temps-là ; Les Juifs s'assemblèrent autour de Jésus, et lui dirent : Jusqu'à quand nous tiendrez-vous l'esprit en suspens? Si vous êtes le Christ, dites-le-nous clairement. Jésus leur répondit : Je vous le dis, et vous ne me croyez pas. Les œuvres que je fais au nom de mon Père, rendent témoignage de moi ; mais vous ne croyez point, parce que vous n'êtes pas de mes brebis. Mes brebis entendent ma voix : je les connais, et elles me suivent : je leur donne la vie éternelle ; et elles ne périront jamais, et nul ne me les arrachera d'entre les mains. Mon Père qui me les a données, est plus grand que toutes choses ; et personne ne peut les arracher des mains de mon Père. Mon Père et moi, nous sommes une même chose. Sur cela les Juifs prirent des pierres pour le lapider. Jésus leur dit : J'ai fait devant vous plusieurs bonnes œuvres par la puissance de mon Père. Pour laquelle de ces œuvres me lapidez-vous? Les Juifs lui répondirent : Ce n'est pas pour aucune bonne œuvre que nous vous lapidons, mais parce que vous blasphémez, et qu'étant homme, vous vous faites passer pour Dieu. Jésus leur répartit : N'est-il pas écrit dans votre loi : J'ai dit, vous êtes des Dieux? Si donc elle appelle dieux ceux à qui la parole de Dieu était adressée, et que l'Écriture ne puisse être démentie; pourquoi dites-vous que je blasphème, moi que le Père a sanctifié, et a envoyé dans le monde; parce que j'ai dit que je suis le Fils de Dieu? Si je ne fais pas les œuvres de mon Père, ne me croyez point. Mais si je les fais, quand vous ne voudriez pas me croire, croyez à mes œuvres, afin que vous connaissiez, et que vous croyiez que le Père est en moi, et moi dans le Père.

sus : Nonne scriptum est in lege vestrâ, Quia ego dixi, Dii estis? Si illos dixit deos, ad quos sermo Dei factus est, et non potest solvi Scriptura : quem Pater sanctificavit, et misit in mundum, vos dicitis quia blasphemas, quia dixi, Filius Dei sum? Si non facio opera Patris mei, nolite credere mihi. Si autem facio, et si mihi non vultis credere, operibus credite; ut cognoscatis et credatis quia Pater in me est, et ego in Patre.

OFFERTOIRE.

Les armes avec lesquelles nous combattons, ne sont point des armes charnelles; mais elles tirent leur force de Dieu, pour détruire les forteresses ennemies : c'est avec de telles armes que nous renversons les raisonnements humains, et tout ce qui s'élève contre la science de Dieu.

Arma militiæ nostræ non carnalia sunt, sed potentia Deo, ad destructionem munitionum; consilia destruentes, et omnem altitudinem extollentem se adversùs scientiam Dei. 2 *Cor.* 10.

SECRÈTE.

Agréez, ô Dieu, le sacrifice que nous vous offrons dans cette fête du saint Docteur Hilaire, qui nous a appris à nous donner tout entiers à vous, en reconnaissant que nous vous devons le commencement et le progrès du bien que nous faisons; (Par Notre Seigneur Jésus-Christ.)

Sacrificium placeat tibi, Deus, exhibitum in festivitate sancti Doctoris Hilarii; quo monente, nos etiam totos reddimus tibi, cui debere nos recognoscimus et originem et profectum; (Per Dominum.)

Mémoire du Dimanche.

Concede, quæsumus, Domine, ut Unigenitus tuus, qui in Cana Galilææ aquam in vinum mirabiliter transmutavit, oblationes nostras in corpus et sanguinem suum convertat, et hujus virtute sacramenti, corda nostra in se transformet; Qui tecum.

Que votre Fils unique, Seigneur, qui a changé l'eau en vin, aux noces de Cana, change nos oblations en son corps et son sang; et que par l'efficace de ce sacrement adorable, il transforme en lui nos cœurs et nos volontés; Lui qui étant Dieu.

Préface, pag. 47.

COMMUNION.

Quisquis confessus fuerit quoniam Jesus est Filius Dei, Deus in eo manet, et ipse in Deo. 1 *Joan*. 4.

Quiconque confesse que Jésus est le Fils de Dieu, Dieu demeure en lui, et lui en Dieu.

POSTCOMMUNION.

Per hoc sacramentum nostræ in Christo unitatis, conserva in nobis, Domine, fidei quam beatus Hilarius defendit, incontaminatam religionem; ut te Patrem nostrum, et Filium tuum unà tecum adoremus, ac sanctum Spiritum tuum, qui ex te per Unigenitum tuum est, promereamur; Per eumdem Dominum... in unitate ejusdem Spiritûs.

Conservez en nous, Seigneur, par ce sacrement qui nous unit avec Jésus-Christ, la pureté de la foi que saint Hilaire a défendue; afin que nous vous adorions comme notre Père; que nous adorions votre Fils avec vous, et que nous méritions de recevoir votre Saint Esprit, qui procède de vous par votre Fils unique; Par le même Jésus-Christ votre Fils notre Seigneur, qui étant Dieu, vit et règne avec vous, en l'unité du même Saint Esprit.

Mémoire du Dimanche.

Augeatur in nobis, quæsumus, Domine, tuæ virtutis operatio; ut in eum

Faites croître en nous, Seigneur, les effets de votre puissance; afin qu'en croyant de tout notre cœur en votre Fils que vous avez envoyé, nous soyons préparés par la participation de ce sacrement à recevoir les biens qu'il nous promet : Nous vous en supplions par le même J.-C. N. S.

quem misisti, Filium tuum toto corde credentes ad ejus promissa capienda tuo munere præparemur ; Per eumdem.

A SEXTE.

Ant. Aidé du secours de Dieu, je rends témoignage aux petits et aux grands, ne disant que ce que les Prophètes ont prédit devoir arriver.

Ant. 3. c. Auxilio adjutus Dei sto testificans minori atque majori, nihil extra dicens quàm ea quæ Prophetæ locuti sunt. *Act.* 26.

CAPITULE. 2 *Joan.* 9.

Quiconque ne demeure point dans la doctrine de Jésus-Christ, mais s'en éloigne, ne possède point Dieu ; et quiconque demeure dans sa doctrine, possède le Père et le Fils.

Omnis qui recedit, et non permanet in doctrinâ Christi, Deum non habet : qui permanet in doctrinâ, hic et Patrem et Filium habet.

℟. *br.* J'ai choisi la voie de la vérité, je n'ai point oublié vos jugements, * Alleluia, alleluia. J'ai choisi. ℣. Je me suis attaché à vos commandements, Seigneur. * Alleluia. Gloire au Père. J'ai choisi.

℟. *br.* Viam veritatis elegi, * judicia tua non sum oblitus,* Alleluia, alleluia. Viam.℣. Adhæsi * testimoniis tuis, Domine. * Alleluia. Gloria. Viam.

℣. Je ne me suis point écarté de votre loi : ℟. Parce que vous me l'avez donnée pour règle.

℣. A judiciis tuis non declinavi : ℟. Quia tu legem posuisti mihi. *Ps.* 118.

Collecte de la Messe.

A NONE.

Ant. Quand je pénètrerais tous les mystères, et que je possèderais toutes les sciences, si je n'ai la charité, je ne suis rien.

Ant. 3. a. Si noverim mysteria omnia et omnem scientiam ; caritatem autem non habuero, nihil sum. 1 *Cor.* 13.

CAPITULE. 2 *Tim.* 4.

Testificor coram Deo et Jesu-Christo; prædica verbum; insta opportunè, importunè; argue, obsecra, increpa in omni patientiâ et doctrinâ.

Je vous conjure devant Dieu et devant Jésus-Christ; annoncez la parole; pressez les hommes à temps, à contre-temps; reprenez, suppliez, menacez sans vous lasser jamais de les tolérer et de les instruire.

℟. *br.* Veritatem tuam * et salutare tuum dixi *Alleluia, alleluia. Veritatem. ℣. Non abscondi misericordiam tuam.* et veritatem tuam. * Alleluia. Gloria. Veritatem. *Ps.* 39.

℟. *br.* J'ai publié votre vérité et votre protection salutaire, * Alleluia, alleluia. J'ai publié. ℣. Je n'ai point caché votre miséricorde et votre vérité. * Alleluia. Gloire. J'ai publié.

℣. Pronuntiavi omnia judicia oris tui : ℟. In viâ testimoniorum tuorum delectatus sum. *Ps.* 118.

℣. J'ai annoncé les ordonnances que votre bouche a prononcées : ℟. J'ai fait mes délices de l'accomplissement de votre loi.

Collecte de la Messe, pag. 59.

AUX SECONDES VÊPRES.

Les psaumes du Dimanche, excepté le 5e, qui est le Ps. 125 *In convertendo*, Lundi, à Vêpres.

Ant. 4. f. Fuit gratus Deo, eruditus omni sapientiâ : et erat potens in verbis et in operibus suis. *Act.* 7.

Ant. Il fut aimé de Dieu : il fut instruit de toutes les sciences, et il devint puissant en paroles et en œuvres.

Ant. 5. C. Juxta manum Dei sui bonam super se, paravit cor suum, ut investigaret legem Domini, et faceret, et doceret. 1 *Esdr.* 7.

Ant. Comme la main bienfaisante de son Dieu était sur lui, il prépara son cœur pour chercher la loi du Seigneur, l'exécuter et l'enseigner.

Ant. 8. c. Postquàm se ampliùs dedit ad diligentiam lectionis legis et Prophetarum, voluit et

Ant. Après s'être appliqué avec grand soin à la lecture de la loi et des Prophètes, il a voulu lui-même écrire ce qui regarde la doctrine et la sagesse.

ipse scribere quæ ad doctrinam et sapientiam pertinent. *Prolog. Eccli.*

Ant. Conduit par la sagesse, il enseigna le peuple : il rechercha des paroles utiles, et il écrivit des discours pleins de droiture et de vérité.

Ant. 3. a. Cùm esset sapientissimus, docuit populum, quæsivit verba utilia, et conscripsit sermones rectissimos, ac veritate plenos. *Eccles.* 12.

Ant. Les nations publieront sa sagesse, et l'assemblée sainte célébrera ses louanges.

Ant. 4. E. Sapientiam ejus enarrabunt gentes; et laudem ejus enuntiabit Ecclesia. *Ecoli.* 39.

CAPITULE. *Prov.* 3.

Heureux celui qui a trouvé la sagesse, et qui est riche en prudence : le trafic de la sagesse vaut mieux que celui de l'argent; et le fruit qu'on en tire est plus excellent que l'or le plus fin et le plus pur : son prix passe toutes les richesses; tout ce qu'on désire le plus ne mérite pas de lui être comparé.

Beatus homo qui invenit sapientiam, et qui affluit prudentiâ : melior est acquisitio ejus negotiatione argenti et auri primi; et purissimi fructus ejus : pretiosior est cunctis opibus; et omnia quæ desiderantur, huic non valent comparari.

HYMNE.

O Jésus, voix éternelle du Père, qui ne cessez de nous instruire intérieurement par vous-même, quelles actions de grâces ne devons-nous pas vous rendre de ce qu'en remontant au ciel, vous substituez à votre présence sensible des Docteurs pour nous enseigner!

O qui perpetuus nos monitor doces,
Vox æterna Patris, Christe, vicarios
Doctores, patrias cùm remeas domos,
Nobis quàm benè suppetis!

Ce sont eux qui veillent sans cesse pour empêcher qu'une doctrine étrangère ne vienne corrompre la pureté de la foi : la vérité sous de tels défenseurs ne craint point d'être al-

Hi semper vigilant, ne quid adulterum
Corrumpat fidei virgineum decus :
Lædi vel leviter non patitur fides,

His custodibus integra.

Infames abolent relliquias deûm :
Errores abigunt, crimina dedocent :
Christo restituunt, quos malè credulos
Mendax luserat hæresis.

Patrum canitiem, tot venerabiles
Rugas objiciunt, undè nitet fides :
Quæ sunt prisca, docent; quæ nova subruunt :
Servant depositum Dei.

Sit suprema tibi gloria, Veritas,
Quæ per scripta Patrum, quando foris sonas,
Mentes interius muta doces, simul
Et te cordibus inseris.
Amen.

℣. Beatus vir qui disponet sermones suos in judicio : ℟. In æternum non commovebitur. *Ps.* 111.

térée par aucun mélange d'erreur.

Ils travaillent avec un zèle infatigable pour abolir les restes de l'impiété : ils mettent l'erreur en fuite, déracinent les vices, et ramènent à Jésus-Christ ceux qu'une vaine crédulité avait malheureusement entraînés dans l'hérésie.

Ils opposent aux nouveautés profanes les traditions respectables des anciens, et les dogmes précieux qu'ils ont reçus de leurs pères; ils confondent toute nouvelle doctrine; et par le soin qu'ils ont de s'attacher à l'ancienne, ils gardent inviolablement le sacré dépôt de la foi.

Gloire vous soit rendue, ô suprême Vérité, qui en nous parlant au-dehors par les écrits des saints Docteurs, instruisez encore mieux nos cœurs par la voix intérieure de votre grâce. Amen.

℣. Heureux l'homme dont la sagesse conduit les discours; ℟. Il ne sera jamais ébranlé.

A Magnificat.

Ant. 6. F. Qui docti fuerint, fulgebunt quasi splendor firmamenti; et qui ad justitiam erudiunt multos, quasi stellæ in perpetuas æternitates. *Dan.* 12.

Ant. Ceux qui auront été savants, brilleront comme les feux du firmament; et ceux qui apprennent aux autres les voies de la justice, seront à jamais des astres lumineux.

Collecte de la Messe, p. 59.

Mémoire du 2e dimanche après l'Epiphanie.

Jésus fit le premier de ses miracles à Cana en Galilée; par là il manifesta sa gloire, et ses disciples crurent en lui.

Ant. Fecit initium signorum Jesus in Cana Galilææ, et manifestavit gloriam suam; et crediderunt in eum discipuli ejus. *Joan.* 2.

℣. Vous êtes mon roi et mon Dieu; ℟. Vous qui êtes le salut de Jacob.

℣. Tu es ipse rex meus, et Deus meus; ℟. Qui mandas salutes Jacob. *Ps.* 43.

Oraison : Omnipotens, *pag.* 69.

A COMPLIES.

Ant. Le Seigneur lui a donné le pouvoir de publier ses préceptes, d'apprendre ses ordonnances à Jacob, et de donner à Israël la lumière et l'intelligence de sa loi.

Ant. 3. *d.* Dedit illi Dominus in præceptis suis potestatem, docere Jacob testimonia, et in lege suâ lucem dare Israel. *Eccli.* 45.

A Nunc dimittis.

Ant. Celui qui veillera pour acquérir la sagesse, sera bientôt en repos; car elle tourne elle-même de tous côtés pour chercher ceux qui sont dignes d'elle, et elle se montre à eux agréablement dans ses voies.

Ant. 6. *C.* Qui vigilaverit propter sapientiam, citò securus erit; quoniam dignos se ipsa circuit quærens, et in viis ostendit se illis hilariter. *Sap.* 6.

LE IVe DIMANCHE APRÈS PAQUES.

FÊTE DE LA TRANSLATION

DU TOMBEAU DE SAINTE GENEVIÈVE.

DOUBLE MAJEUR.

AUX PREMIÈRES VÊPRES.

Ant. 5. C. In ecclesiis benedicite Deo Domino : mirabilis Deus in Sanctis suis, ipse dabit virtutem et fortitudinem plebi suæ, alleluia. *Ps.* 67.

Ant. 8. c. Quomodo poterimus subsistere, nisi tu, Deus, adjuves nos? Convenerunt adversus nos, disperdere nos et sancta nostra, alleluia. 1 *Mach.* 3.

Ant. 6. F. Omnes filii Israël venerunt in domum Dei, et sedentes flebant coram Domino. Eo tempore, erat ibi arca fœderis Dei, alleluia. *Judith* 20.

Ant. 1. g. Profecti sunt de monte Domini, arcaque fœderis Domini præcedebat eos, alleluia. *Num.* 10.

Ant. 2. A. Cum elevaretur arca dicebant : Surge, Domine, et dissipentur inimici tui, et fugiant qui oderunt te à facie tua, alleluia. *Num.* 10.

CAPITULE. *Is.* 59.

Ecce non est abbreviata manus Domini, ut salvare nequeat; neque aggravata est auris ejus, ut non exaudiat.

℟. Natio transivit quæ tegebatur tua manu, videntes tua mirabilia. * Et † Tanquam agni exultaverunt, magnificantes te, Domine, qui liberasti illos, alleluia, alleluia. ℣. Accesserunt turbæ multæ habentes secum mutos, cæcos, claudos, debiles, et alios multos; et curavit eos. * Et. Gloria. † Tanquam. *Sap.* 19. *Matth.* 15.

HYMNE.

Dirus dum miseræ regna Lutetiæ	Lorsqu'un ennemi cruel ravageait Paris, le citoyen ne

tremble ni pour ses richesses, ni pour la ville, ni pour la demeure de ses pères, ni pour sa propre vie.

Vous seules l'occupâtes, cendres sacrées, sa ressource dans toutes les calamités, ce gage de la protection divine, plus précieux que toutes les richesses; il vous sauva des désastres qui désolaient les rives de la Seine, et vous transporta dans des asiles sûrs.

De là, Vierge sainte, jetant un regard favorable sur vos clients, vous êtes du haut du ciel une sentinelle vigilante pour la défense de la ville; et vous arrêtez, par une main invisible, les menaces et la fureur du soldat effréné.

Maintenant encore, un ennemi cruel attaque l'âme des fidèles; aussi séduisant par ses ruses que terrible dans ses attaques, son triomphe est sûr, si Dieu, par votre médiation, ne rend sa malice impuissante.

Obtenez-nous que l'Esprit créateur retrace vos vertus dans nos âmes; que nous ayons votre foi, votre confiance, votre amour, et nous serons terribles à nos ennemis.

O Dieu, nous rendons de grands hommages aux reliques de sainte Geneviève; mais il vous en est dû d'infiniment plus grands, à vous qui, dans l'Unité de votre nature, et dans

Hostis diriperet, non opibus suis,
Non urbi, patriis non penetralibus,
Civis non sibi palluit.

Vos, sacri cineres, perfugium suum,
Pignus divitiis, vos pretiosius,
Per vastata sui littora Sequanæ,
Tutis intulit arcibus.

Hinc tu, Virgo, piis æqua clientibus,
Urbis præsidio cœlitus excubas,
Et nutu placido dira minacium
Sistis crimina militum.

Mentes nunc etiam perfidus obsidet
Hostis Christiadum fallere pertinax,
Et pugnare ferox, ni Deus impigros
Per te fregerit impetus.

Per te, Diva, tuas cordibus intimis
Virtutes renovet Spiritus artifex;
Sit par spes et amor, sit similis fides:
Hosti terribiles sumus.

Sacris pignoribus magna rependitur
Laus, supreme Deus; sed tibi maxima,
Qui, persona triplex, numen at unicum,

Regnas secla per omnia. Amen.

la Trinité de vos personnes, régnez dans tous les siècles. Amen.

℣. Exultabunt Sancti in gloria : ℟. Lætabuntur in cubilibus suis. *Ps.* 149.

A Magnificat.

Ant. 4. D. Omnis populus et majores natu, ducesque ac judices, stabant ex utraque parte arcæ, in conspectu sacerdotum qui portabant arcam, alleluia. *Jos.* 8.

Collecte de la Messe.

Mémoire du samedi.

A L'OFFICE DE LA NUIT.

Invitatoire. Dominum facientem signa et mirabilia in terra,* Venite, adoremus, alleluia. *Dan.* 14.

HYMNE.

Nobilis regni Genovefa custos,
Quæ laboranti patriæ potenti
Subvenis dextra, placidisque servas
Lilia Gallis ;

O Geneviève, qui veillez sur ce royaume, vous dont la main puissante protège la patrie dans ses dangers, et maintient la paix parmi nous ;

Cernis æternæ dubios salutis
Inter humanos fluitare casus,
Nec, nisi cœlum faveat, cavere
Posse ruinam.

Vous voyez, qu'au milieu des secousses qui agitent le monde, notre salut devient incertain, et que nous ne pouvons en éviter la perte sans l'assistance du ciel.

En tuum proni petimus favorem,
Quæ, sacras nobis vigilans ad aras,
Nostra purgasti toties malignis
Oppida morbis.

Prosternés devant vous, nous implorons votre appui ; n'est-ce pas vous qui, sans cesse veillant sur nos destinées, avez écarté de nos villes les maladies contagieuses ?

Ense dum stricto fureret nefastus
Hostis, et nostras popularet urbes,
Dira tu mœstis procul amovebas
Agmina muris.

Et tandis que, dans leur fureur, des barbares portaient dans nos murs le deuil et le désespoir, c'est vous qui conjurâtes leurs hordes impies, et qui nous délivrâtes de leurs funestes incursions.

Aujourd'hui que nous vous honorons d'un culte spécial, nous vous demandons une paix longue et durable; la France reconnaîtra à ce bienfait la main qui la sauva toujours.

Nunc tibi cultu proprio dicatam
Pace fac urbem placida potiri,
Et tuam posthac, velut ante, norit
Gallia dextram.

Gloire éternelle à la Trinité sainte qui vous a comblée, ô Geneviève, de ses divines largesses, et qui, par vous, verse sur notre patrie ses grâces avec tant de profusion.
Amen.

Usque sit trinæ decus Unitati,
Cujus æternis opulenta donis
Tanta per nostras Genovefa terras
Dona profundit.
Amen.

Les 3 psaumes du 1 Nocturne du dimanche.

Ant. 3. a. Refulsit in templo Dei quasi oliva pullulans, et cypressus in altitudinem se extollens, alleluia. *Eccli.* 50.

℣. Ego sicut oliva fructifera.

℟. In domo Domini. *Ps.* 51.

1re Leçon, de l'Ecriture occurrente.

I ℟. Si irruerint super nos mala, gladius judicii, pestilentia, et fames, * Stabimus coram domo hac in conspectu tuo, in qua invocatum est nomen tuum : et clamabimus ad te in tribulationibus nostris, et exaudies, salvosque facies, alleluia, alleluia. ℣. Benedictus Deus totius consolationis, qui consolatur nos in omni tribulatione nostra. * Stabimus. 2 *Paral.* 20. 2 *Cor.* 1.

2e *Leçon.*

Inter turbulentos motus quibus jactata est Gallia, exeunte seculo decimo octavo, sanctæ Genovefæ Reliquiæ miserabiliter disperditæ sunt. Verumtamen, Deo favente, superfuerunt quædam earum particulæ quas passim possidebant pii fideles, quarum nonnullæ, debitis authenticis munitæ et rite recognitæ, asservantur in capsa quæ supra majus altare hujus Ecclesiæ nunc visitur. Præterea jussu eminentissimi Cardinalis de Belloy, Parisiensis Archiepiscopi, translatum est in hanc Ecclesiam, die tertia januarii, anno millesimo octingentesimo quarto, monumentum quod in veteris Basilicæ crypta extabat, constans scilicet inferiori lapide sepulcri in quo per centum et viginti annos quievit sanctæ Genovefæ corpus, antequam in capsa reconderetur. Huic lapidi subjacet ea terræ portio in qua primitus, ut semper creditum est, sanctæ Virginis corpus fuit humatum ac subinde dissolutum. Ex mandato ejusdem reverendissimi Archiepiscopi statutum fuit ut per singulos annos, recurrente dominica quarta post Pascha, hujus Translationis memoria celebrretur.

2 ℟. Super languidos deferebantur a corpore ejus sudaria et semicinctia, et * Recedebant ab eis languores, et magnificabatur nomen Domini, alleluia, alleluia. ℣. Quoniam tu, Domine, suavis, et mitis, et multæ misericordiæ omnibus invocantibus te. * Recedebnt. *Act.* 19. *Ps.* 85.

3e *Leçon de l'Evangile et l'Homélie de ce Dimanche, au Bréviaire.*

3 ℟. Prope est Dominus omnibus invocantibus eum in veritate. * Voluntatem timentium se faciet, et deprecationem eorum exaudiet, et salvos faciet eos, alleluia, alleluia. ℣. Omnia quæcumque petieritis in oratione credentes, accipietis. * Voluntatem. Gloria. * Voluntatem. *Ps.* 144. *Matthæi*, 21.

℣. *Sacerd.* Confiteantur tibi, Domine, opera tua;

℟. Et sancti tui benedicant tibi. *Ps.* 144.

A LAUDES.

Ant. 1. g. Addiderunt inimici ut ascenderent, et divisit eos Dominus, sicut dividuntur aquæ, alleluia. 2 *Reg.* 5.

Ant. 3. a. Ait Rex : Reducamus arcam Dei ad nos; congregavitque universum populum, ut afferretur arca in locum suum, alleluia. 1 *Paral.* 13 et 15.

Ant. 6. F. Sanctificati sunt Sacerdotes et Levitæ, ut portarent arcam, et ierunt ad deportandam illam cum lætitia, alleluia. 1 *Paral.* 15.

Cantique. Magnus es, *au bréviaire, feriâ* IV; *Tempore Paschali.*

Ant. 7. d. Quocumque introibat in vicos, vel in villas, aut civitates, in plateis ponebant infirmos, et salvi fiebant, alleluia. *Marc.* 6.

Ant. 2. D. Levitæ deposuerunt arcam, et immolaverunt victimas in die illa Domino, alleluia. 1 *Reg.* 6.

Capitule. 1. *Mach.* 4.

Cecidit omnis populus in faciem; et adoraverunt, et benedixerunt in cœlum eum qui prosperavit eis.

HYMNE.

O vous, que la France s'honore d'avoir pour Patronne, qu'on n'implore jamais en vain, et dont la bonté compatissante adoucit les peines des malheureux;	Patrona Franci nominis et decus, Favente cœlo, quæ facili pias Nutu laborantum querelas Excipis, auxilioque mulces;
Vous protégez d'une manière particulière cette capitale, dépositaire de vos saintes Reliques, toutes les fois que, dans les temps difficiles, elle réclame votre secours auprès du Tout-Puissant.	At hospitalem tu propior caput Florentis, urbem, protegis Imperî, Utcumque te, tutela præsens, Rebus opem dubiis reposcit!
Autrefois, quand vous n'étiez qu'une simple mortelle, vivant au milieu de nous, vous signalâtes souvent votre pouvoir en écartant miraculeusement de nos cités les horreurs de la guerre.	Hanc, lucis olim cum traheres adhuc Mortalis auras, crederis haud semel Fulsisse, et instantis labantem Casibus eripuisse cladis.
C'est ainsi qu'au temps où, tout souillé de sang et de meurtres, un ennemi cruel s'avançait rapidement, en exerçant ses ravages sans obstacle, vers les murs de cette capitale,	Sic strage fœda barbarus obvias Opplebat urbes; jamque iter, omnibus Impune vastatis, adusque Parisias properabat arces.
Les prières sorties de votre bouche virginale ont apaisé le Très-Haut et détourné ce fléau dévastateur: Dieu, de son fouet terrible, le frappa dans sa marche.	Sed imminentes, virginea prece Placatus, hostes cœlicolûm Pater Avertit, intentoque fusos Eminus increpuit flagello.
Louons à jamais la Trinité sainte, Dieu le Père, le Fils et le Saint-Esprit, par qui sainte Geneviève est toute resplen-	Laus summa Patri, summaque Filio, Sit, sancte, compar laus tibi, Spiritus,

Per quem triumphatrix refulget
Magnificis Genovefa signis.
Amen.

dissante des signes glorieux de son triomphe.

℣. Generatio et generatio laudabit opera tua, Domine;
℟. Et potentiam tuam pronuntiabunt. *Ps.* 144.
A Benedictus.
Ant. 4. D. Venerunt, et reduxerunt arcam; et requievit omnis domus Israel post Dominum, alleluia. 1 *Reg.* 7.
Collecte de la Messe.
Mémoire du Dimanche.

A PRIME.

CANON.

Ex Concilio Cameracensi, *anno* 1565.

Sanctorum, qui cum Christo regnant, venerationem, cultum, et invocationem Ecclesia semper probavit. Doceatur tamen populus alium esse cultum, quo Deus, ac mediator Dei ac hominum homo Christus Jesus, colitur; alium quo Sanctos venerari pie debemus. Admoneantur minus docti ut cum Sanctorum memorias visitant, et eorum auxilium implorant, ac christiana consuetudine Orationem Dominicam recitant, intelligant se eam, non ad Sanctos sed ad Deum dirigere, adjunctis sibi comprecatoribus Sanctis.

Du Concile de Cambrai.

L'Eglise a toujours approuvé l'hommage et le culte que nous rendons aux Saints, qui règnent avec Jésus-Christ, et les prières que nous leur adressons. Cependant, qu'on ait grand soin d'enseigner au peuple que le culte rendu à Dieu et à Jésus-Christ, médiateur entre Dieu et les hommes, est bien différent de celui qu'on rend aux Saints, qu'une tendre piété nous porte seulement à honorer. Qu'on avertisse les moins instruits de bien se convaincre, lorsqu'ils visitent les reliques des Saints, qu'ils implorent leur secours, et que, selon la coutume des chrétiens, lorsqu'ils récitent l'Oraison Dominicale, ce n'est point aux Saints, mais à Dieu seul, qu'ils adressent cette prière; en demandant toutefois aux Saints de vouloir bien prier avec eux, et d'être leurs intercesseurs auprès de Dieu.

¶ *Si l'Office était célébré du rite solennel, aux heures, on dirait la doxologie suivante :*

Jésus, époux éternel des Vierges, gloire vous soit rendue avec le Père et le Saint-Esprit, dans les siècles des siècles. Amen.

Æterne sponse Virginum,
Jesu, tibi sit gloria,
Cum Patre, cumque Spiritu,
In sempiterna secula.
Amen.

A TIERCE.

Ant. Le Roi dit : Ramenons l'arche du Seigneur chez nous; et il assembla tout le peuple afin de faire apporter l'arche dans le lieu qui lui était destiné, alleluia.

Ant. 3. a. Ait Rex : Reducamus arcam Dei ad nos; congregavitque universum populum, ut afferretur arca in locum suum, alleluia. 1 *Paral.* 13 *et* 15.

CAPITULE. 3 *Reg.* 8.

Béni soit le Seigneur qui a donné la paix à son peuple : que le Seigneur notre Dieu soit avec nous, comme il a été avec nos pères; qu'il ne nous abandonne et ne nous rejette point.

Benedictus Dominus, qui dedit requiem populo suo : sit Dominus Deus noster nobiscum, sicut fuit cum patribus nostris, non derelinquens nos, neque projiciens.

℟. *br.* Vous êtes le Dieu qui opérez des merveilles, * Alleluia, alleluia. Vous êtes. ℣. Vous avez fait connaître votre puissance parmi les peuples. * Alleluia. Gloire Vous êtes.

℟. *br.* Tu es Deus * qui facis mirabilia, * Alleluia, alleluia. Tu es. ℣. Notam fecisti in populis * virtutem tuam. * Alleluia. Gloria. Tu es. *Ps.* 76.

℣. Le Seigneur des armées est avec nous.

℣. Dominus virtutum nobiscum.

℟. Susceptor noster Deus Jacob. *Ps.* 45.

℟. Le Dieu de Jacob est notre défenseur.

Collecte de la Messe.

A LA PROCESSION.

℟. Amen, amen dico vobis, qui credit in me, opera quæ ego facio, et ipse faciet, et majora horum faciet: * Et quodcumque petieritis Patrem in nomine meo, hoc faciam, alleluia, alleluia. ℣. Oculi mei erunt aperti, et aures meæ erectæ ad orationem ejus qui in loco isto oraverit.* Et. Gloria. *Et. *Joan.* 14, 2 *Paralip.* 7.

℟. En vérité, en vérité, je vous le dis, celui qui croit en moi, fera lui-même les œuvres que je fais, et en fera encore de plus grandes : * Et tout ce que vous demanderez à mon Père en mon nom, je le ferai, alleluia, alleluia. ℣. Mes yeux seront ouverts, et mes oreilles attentives à la prière de celui qui m'invoquera en ce lieu. * Et tout. Gloire. * Et tout.

℣. Voluntatem timentium se faciet Dominus : ℟. Et deprecationem eorum exaudiet et salvos faciet eos. *Ps.* 144.

℣. Le Seigneur accomplira les désirs de ceux qui le craignent. ℟. Il exaucera leurs prières, et il les sauvera.

Oraison.

Deus, qui beatæ Virginis Genovefæ pretiosas Reliquias metuentibus te significationem dedisti, ut dilecti tui liberarentur : quæsumus, ut ejus intercessio tuam pro nobis non desinat placare justitiam, et nos misericordiæ tuæ donis dignos efficere; Per Christum.

O Dieu, qui avez donné à ceux qui vous craignent les précieuses Reliques de la bienheureuse sainte Geneviève comme un signe de salut par lequel ceux que vous aimez seront sauvés : faites, nous vous en supplions, que son intercession en notre faveur continue d'apaiser votre justice et de nous rendre dignes des effets de votre miséricorde; Par J.-C. N. S.

A LA MESSE.

INTROÏT. 2 *Cor.* 11. *Ps.* 44.

Réjouissons-nous, faisons éclater notre joie, et rendons gloire à Dieu, parce que les noces de l'Agneau sont venues, et que son épouse s'est préparée, alleluia, alleluia. *Ps.* Mon cœur plein d'ardeur a produit une excellente parole; c'est au roi que je consacre mes ouvrages. Gloire. Réjouissons-nous.

Gaudeamus et exultemus et demus gloriam Deo, quia venerunt nuptiæ Agni, et uxor ejus præparavit se, alleluia, alleluia. *Ps.* Eructavit cor meum verbum bonum; * dico ego opera mea regi. Gloria. Gaudeamus.

COLLECTE.

O Dieu, qui avez fait éclater votre admirable puissance par les Reliques de sainte Geneviève; faites, nous vous en supplions, que ceux qui se réjouissent de leur glorieuse Translation, puissent, par ses prières et l'imitation de ses vertus, arriver à la vie bienheureuse; Par notre Seigneur.

Deus, qui virtutem tuam in beatæ Virginis Genovefæ Reliquiis mirabilem ostendisti; quæsumus ut quos de ejus gloriosa tribuis Translatione gaudere, facias ad beatam vitam ejusdem precibus et imitatione proficere; Per Dominum.

Mémoire du IV Dimanche après Pâques.

O Dieu, qui unissez tous les fidèles dans un même esprit et une même volonté, accordez à votre peuple la grâce d'aimer ce que vous commandez, et de désirer ce que vous promettez; afin qu'au milieu de l'instabilité des choses du monde, nos cœurs demeurent fixés vers le terme où se trouve le véritable bonheur; Par notre Seigneur.

Deus, qui fidelium mentes unius efficis voluntatis, da populis tuis id amare quod præcipis, id desiderare quod promittis; ut inter mundanas varietates ibi nostra fixa sint corda, ubi vera sunt gaudia, Per Dominum.

ÉPÎTRE.

Lectio Ezechielis Prophetæ *Cap. 34.*

Hæc dicit Dominus Deus : Faciam cum grege meo pactum pacis, et cessare faciam bestias pessimas de terra : et qui habitant in deserto, securi dormient in saltibus. Et ponam eos in circuitu collis mei benedictionem : et deducam imbrem in tempore suo ; pluviæ benedictionis erunt. Et dabit lignum agri fructum suum, et terra dabit germen suum, et erunt in terra sua absque timore ; et scient quia ego Dominus, cùm contrivero catenas jugi eorum ; et eruero eos de manu imperantium sibi. Et non erunt ultrà in rapinam gentibus, neque bestiæ terræ devorabunt eos ; sed habitabunt confidenter absque ullo terrore. Et suscitabo eis germen nominatum ; et non erunt ultrà imminuti fame in terra, neque portabunt ultrà opprobrium gentium. Et scient quia ego Dominus Deus eorum cum eis, et ipsi populus meus domus Israel, ait Dominus Deus.

Lecture du Prophète Ezéchiel.

Voici ce que dit le Seigneur : Je ferai avec mes brebis une alliance de paix, j'exterminerai de la terre toutes les bêtes cruelles ; et ceux qui habitent dans le désert dormiront en assurance au milieu des bois. Je les comblerai de bénédictions au milieu de ma colline : je ferai tomber des pluies en leur temps, ce seront des pluies de bénédiction. Les arbres des champs porteront leur fruit, la terre donnera son germe, et mes brebis habiteront sans crainte dans leur pays ; et elles sauront que c'est moi qui suis le Seigneur, lorsque j'aurai brisé leurs chaînes et rompu leur joug, et que je les aurai arrachées des mains de ceux qui les dominaient avec empire. Elles ne seront plus en proie aux nations, et les bêtes de la terre ne les dévoreront plus ; mais elles habiteront dans une pleine assurance sans avoir plus rien à craindre. Je leur susciterai une plante de grand nom ; ils ne seront plus consumés par la famine de la terre, et ils ne seront plus en opprobre parmi les nations. Ils sauront alors que je serai avec eux, moi qui suis le Seigneur leur Dieu, et qu'ils seront mon peuple, eux qui sont la maison d'Israël, dit le Seigneur Dieu.

GRADUEL.

Alleluia, Alleluia.

℣. Ils ramenèrent l'arche du Seigneur, et la mirent dans sa maison; et toute la maison d'Israël se reposa dans le Seigneur.

℣ Reduxerunt arcam et intulerunt eam in domum; et requievit omnis domus Israel post Dominum. 1 *Reg.* 7.

Alleluia, alleluia.

℣. Ils crièrent au Seigneur, au milieu de leur affliction, et il les délivra des nécessités pressantes où ils se trouvaient. Alleluia.

℣. Clamaverunt ad Dominum cùm tribularentur, et de necessitatibus eorum liberavit eos. Alleluia. *Ps.* 106.

¶ *Si la Messe était célébrée du rite solennel-majeur, on dirait la Prose, ci-après, au salut, page* 88.)

ÉVANGILE.

Suite du saint Evangile selon saint Matthieu.

Sequentia sancti Evangelii secundum Matthæum. *Cap.* 7.

En ce temps-là; Jésus dit à ses disciples : Demandez et on vous donnera; cherchez, et vous trouverez; frappez, et on vous ouvrira. Car celui qui demande reçoit; celui qui cherche trouve; et on ouvre à celui qui frappe. En effet, qui est celui d'entre vous qui donne une pierre à son fils, lorsqu'il lui demande du pain? ou, s'il lui demande un poisson, lui donnera-t-il un scorpion? Si donc vous, tout méchants que vous êtes, vous savez donner de bonnes choses à vos enfans, à combien plus forte raison votre Père qui est dans les cieux donnera-t-il les vrais biens à ceux qui les lui demandent!

In illo tempore; Dixit Jesus discipulis suis : Petite et dabitur vobis; quærite, et invenietis; pulsate, et aperietur vobis. Omnis enim qui petit accipit : et qui quærit invenit; et pulsanti aperietur. Aut quis est ex vobis homo, quem si petierit filius suus panem, numquid lapidem porriget ei? aut si piscem petierit, numquid serpentem porriget ei? Si ergò vos, cùm sitis mali, nostis bona data dare filiis vestris; quantò magis Pater vester qui in cœlis est dabit bona petentibus se!

OFFERTOIRE.

In omni ore quasi mel indulcabitur ejus memoria. Ossa ipsius visitata sunt, et post mortem prophetaverunt, alleluia. *Eccli. 49.*

Son souvenir sera doux à la bouche de tous les hommes, comme le miel. Ses os ont été conservés avec soin et ont prophétisé après sa mort, alleluia.

SECRÈTE.

Suscipe, quæsumus, Domine, devotionis nostræ munera ; et intercessione beatæ Genovefæ Virginis omnia à nobis mala propitiatus averte; Per Dominum.

Recevez, nous vous supplions, Seigneur, ces dons que nous vous offrons ; et par l'intercession de la bienheureuse sainte Geneviève, daignez détourner de nous tous les maux; Par notre Seigneur.

Mémoire du IVe Dimanche après Pâques.

Deus, qui nos per hujus sacrificii veneranda commercia, unius summæ divinitatis participes efficis : præsta, quæsumus, ut, sicut tuam cognovimus veritatem, sic eam dignis moribus assequamur; Per Dominum.

O Dieu, qui, par le sacré commerce de ce sacrifice, nous rendez participants de votre souveraine divinité, faites qu'après avoir connu votre vérité, nous nous rendions dignes d'elle par toute la conduite de notre vie ; Par notre Seigneur.

Préface, page 47.

COMMUNION.

Videte opera Domini, quæ posuit prodigia super terram : Dominus virtutem nobiscum, susceptor noster Deus Jacob, alleluia. *Ps. 45.*

Voyez les œuvres du Seigneur, qu'il a fait paraître comme des prodiges sur la terre : le Seigneur des armées est avec nous, le Dieu de Jacob est notre défenseur, alleluia.

POSTCOMMUNION.

Comblés de vos dons sacrés, nous vous supplions humblement, Seigneur, de nous faire ressentir les effets de la protection de la Vierge dont nous honorons la sainteté ; Par notre Seigneur.

Repleti muneribus sacris, te, Domine, suppliciter deprecamur, ut qui beatæ Genovefæ Virginis tuæ sanctitatem veneramur, ejus apud te protectione muniamur ; Per Dominum.

Mémoire du IVe Dimanche après Pâques.

Augmentez en nous, Seigneur, par ces saints mystères, le fruit des bonnes œuvres; afin que nous ayant acquis, par votre rédemption, la liberté qui est le partage de vos enfants, vous nous rendiez participants de votre héritage éternel; Vous qui, étant Dieu, vivez et régnez.

Auge in nobis, Domine, per hæc sacra mysteria, fructus bonorum operum; ut qui, te redimente, libertatem filiorum sumus adepti ; te largiente, consortes efficiamur hæreditatis æternæ ; Qui vivis.

A SEXTE.

Ant. Les Prêtres se purifièrent avec les Lévites, afin de porter l'arche du Seigneur, et ils s'en allèrent pour la transporter au milieu de la joie publique, alleluia.

Ant. 6. F. Sanctificati sunt Sacerdotes et Levitæ, ut portarent arcam, et ierunt ad deportandam illam cum lætitia, alleluia. 1 *Paral.* 15.

CAPITULE. *Zac.* 10.

Je suis le Seigneur leur Dieu, et je les exaucerai ; ils auront la joie dans le cœur, comme un homme qui a bu du vin ; leurs fils les verront, et ils seront dans l'allégresse, et leur cœur tressaillira de joie dans le Seigneur.

Ego Dominus Deus eorum, et exaudiam eos, et lætabitur cor eorum quasi a vino : et filii eorum videbunt et lætabuntur, et exultabit cor eorum a Domino.

℟. *br*. Quanta audivimus * et cognovimus ea! * Alleluia, alleluia. Quanta. ℣. Et patres nostri * narraverunt nobis. * Alleluia. Gloria. Quanta. *Ps*. 77.

℟. *br*. Que de choses nous avons entendues et apprises! * Alleluia, alleluia. Que de choses. ℣. Et que nos pères nous ont racontées! * Alleluia. Gloire. Que de choses.

℣. Tu es ipse Rex meus, et Deus meus.

℣. Vous êtes mon roi et mon Dieu.

℟. Qui mandas salutes Jacob. *Ps*. 43.

℟. C'est vous qui ordonnez le salut de Jacob.

Collecte de la ***Messe****, page* 79.

A NONE.

Ant. 2. D. Levitæ deposuerunt arcam, et immolaverunt victimas in die illa Domino, alleluia. 1 *Reg*. 6.

Ant. Les Lévites descendirent l'arche, et immolèrent en ce jour des victimes au Seigneur, alleluia.

CAPITULE. 2 *Esd*. 12.

Immolaverunt in die illa victimas magnas, et lætati sunt : Deus enim lætificaverat eos lætitiâ magnâ, et audita est lætitia Jerusalem procul.

Ils immolèrent en ce jour-là de grandes victimes dans des transports de joie : car Dieu les avait remplis d'une joie très grande, et la joie de Jérusalem se fit entendre fort loin.

℟. *br*. Confitebimur tibi, Deus; * et invocabimus nomen tuum, * Alleluia, alleluia. Confitebimur. ℣. Narrabimus * mirabilia tua. * Alleluia. Gloria. Confitebimur. *Ps*. 74.

℟. *br*. Nous vous louerons, ô Dieu, et nous invoquerons votre nom, * Alleluia, alleluia. Nous vous louerons. ℣. Nous raconterons vos merveilles. * Alleluia. Gloire. Nous vous louerons.

℣. Confirma hoc Deus,

℣. [illegible] isse z, ô Dieu;

℟. Quod operatus es in nobis. *Ps*. 67.

℟. Ce que vous avez fait en nous.

Collecte de la ***Messe****, page* 79.

AUX SECONDES VÊPRES.

Psaumes du Dimanche.

¶ *Si l'Office était célébré du rite solennel, au lieu des Psaumes du Dimanche, on dirait :* 1. *Ps.* 109. Dixit Dominus. 2. *Ps.* 112, Laudate, pueri, *Dimanche, à Vêpres.* 3. *Ps.* 121, Lætatus sum, *Mardi, à Vêpres.* 4. *Ps.* 126, Nisi Dominus, *Mercredi, à Vêpres.* 5. *Ps.* 147, Lauda, Jerusalem, *page* 55.

Ant. Le Roi établit des Lévites devant l'arche du Seigneur, pour le glorifier et lui rendre de continuelles actions de grâces de toutes ses merveilles, et pour chanter les louanges du Seigneur leur Dieu, alleluia.

Ant. 4. E. Constituit Rex coram arca de Levitis, qui ministrarent et recordarentur operum Domini, et glorificarent Dominum Deum, alleluia. 1 *Paral.* 16.

Ant. Chantant des hymnes et des cantiques, ils bénissaient le Seigneur, qui avait fait tant de grandes choses en Israël, et qui les avait rendus victorieux de leurs ennemis, alleluia.

Ant. 3. a. In hymnis et confessionibus benedicebant Dominum, qui magna fecit in Israel, et victoriam dedit illis, alleluia. 2 *Mach.* 10.

Ant. Ils bénissaient le Seigneur de ce qu'il relevait la gloire de son lieu saint; et le temple fut rempli d'allégresse et de cris de joie, alleluia.

Ant. 8. c. Dominum benedicebant, quia magnificabat locum suum; et templum gaudio et lætitiâ impletum est, alleluia. 2 *Mach.* 3.

Ant. Cette maison a été faite, Seigneur mon Dieu, afin que vous regardiez favorablement l'oraison de votre peuple et ses humbles demandes, et afin que vous exauciez les prières qu'il fera en votre présence : écoutez-le de votre demeure sainte, et faites lui miséricorde, alleluia.

Ant. 5. C. Ad hoc facta est domus ista, ut respicias orationem et obsecrationem ejus, Domine Deus, et audias preces quas fundit coram te : exaudi de habitaculo tuo et propitiare, alleluia. 2. *Paral.* 6.

Ant. 6. F. Hæc est quæ multùm orat pro populo et universa civitate, alleluia. 2 *Mach.* 15.

Ant. Voici celle qui prie beaucoup pour le peuple et pour toute la ville, alleluia.

CAPITULE. *Judith*, 15.

Benedixerunt eam omnes unâ voce, dicentes : Tu gloria Jerusalem, tu lætitia Israel, tu honorificentia populi nostri.

Ils la bénirent tous d'une voix, en lui disant : Vous êtes la gloire de Jérusalem, vous êtes la joie d'Israël, vous êtes l'honneur de notre peuple.

HYMNE.

Jam functa, Virgo corpore, cœlitum
Transcripta regnis; ô quoties opem
Rogata, nec surdis querelas
Auribus excipiens clientum!

Vierge sainte, délivrée enfin des liens de votre corps, et associée aux bienheureux, combien de fois n'avez-vous pas prêté une oreille favorable aux prières de vos serviteurs qui ont réclamé votre protection!

Nunc æstuantes ignifera face
Campos petitis imbribus irrigas :
Nunc rore plùs justo madentes
Sole eadem recreas sereno.

Tantôt vous arrosez d'une pluie salutaire nos campagnes desséchées par un soleil brûlant; tantôt par les rayons d'un soleil bienfaisant, vous réparez des pluies trop abondantes.

Nunc fessa morbis corpora pristino
Reddis vigori, præcipuè improbæ
Quos febris alternis recursans
Continuusve perurit ardor.

Vous rendez la santé aux corps épuisés par les maladies, surtout à ceux qu'une fièvre intermittente ou continue consumait par son ardeur.

Quàcumque lætos intuleris gradus,

Partout où vous portez vos pas, toutes les maladies fuient

devant vous : la famine, la triste indigence, les douleurs disparaissent, et la cruelle mort retarde son heure.

Obscœna morborum antè fugit cohors,
Famesque, et infelix egestas,
Et dolor, et trucis hora lethi.

La douce espérance et la prospérité vous accompagnent, vous faites régner la paix et une heureuse abondance; au sein du bonheur, on voit briller le salut de tout son éclat.

It blanda spes, et prosperitas comes,
Et pax renidens, almaque faustitas;
Quas inter exornata cultu
Grata salus niveo refulget.

Gloire au Père, gloire au Fils, gloire à vous, Esprit saint, qui, après avoir fait triompher Geneviève de la mort, la rendez célèbre par des prodiges admirables.

Laus summa Patri, summaque Filio,
Sit, sancte, compar laus tibi, Spiritus;
Quo, morte jam victâ, coruscat
Magnificis Genovefa signis.

Amen.

Amen.

℣. Béni soit le Seigneur,

℣. Benedictus Dominus,

℟. Qui l'a élevée à ce comble de gloire.

℟. Qui exaltavit eam. *Tob.* 13.

A Magnificat.

Ant. Que sa mémoire soit en bénédiction; que ses os refleurissent dans son sépulcre, et que son nom demeure éternellement, alleluia.

Ant. 3. E. Sit memoria illius in benedictione, et ossa ejus pullulent de loco suo, et nomen ejus permaneat in æternum, alleluia. *Eccli.* 46.

Collecte de la Messe, page 79.

Mémoire du IVe Dimanche après Pâques.

Ant. Il est utile que je m'en aille, car si je ne m'en vais point, le Consolateur ne vien-

Ant. Expedit vobis ut ego vadam : si enim non abiero, Paracletus non veniet ad vos; si autem abiero, mittam eum ad vos, alleluia. *Joan.* 16.

℣. Memor esto verbi tui, Domine; ℟. In quo mihi spem dedisti. *Ps.* 118.

dra point à vous; mais si je m'en vais, je vous l'enverrai, alleluia.

℣. Souvenez-vous, Seigneur, de la promesse que vous avez faite à votre serviteur; ℟. C'est cette promesse qui m'a fait espérer en vous.

Oraison. Deus, qui fidelium, *pag.* 79.

¶ *Si l'office était célébré du rite solennel, à Complies, Antiennes*, *page* 53.)

AU SALUT.

Prose.

En ades ad nuptias
Inter Agni socias,
Genovefa, virgines.

O Geneviève, voici que vous êtes du nombre des vierges qui célèbrent les noces de l'Agneau.

Citò sponsum habuit,
Cor infantis rapuit
Pulcher inter homines.

Le plus beau des enfants des hommes fixa votre cœur; dès votre enfance vous ne balançâtes point de le choisir pour époux.

Non nites monilibus:
Omnis è virtutibus
Est ab intùs gloria.

Vous ne brillâtes point par de vains ornements; toute votre gloire est le fruit des vertus qui ornent votre âme.

Corpus ornat castitas,
Ditat mentem caritas,
Dos est sponsi gratia.

La chasteté fait l'ornement de votre corps; la charité, la richesse de votre âme; la grâce de votre divin époux, votre dot.

Deo teste latuit,
Et volente claruit,
Procul nota populis.

Cachée au monde, elle n'est connue que de Dieu; elle sort de l'obscurité par son ordre, et devient célèbre dans tout l'univers.

O ville, reine des cités, dites-nous quelle protection elle vous donne, dites-nous par quels miracles vous êtes debout !

Urbs, ô princeps urbium,
Dic quod dat præsidium,
Dic quot stas miraculis !

Ramener l'abondance, mettre en fuite nos ennemis, c'étaient les merveilles qu'elle opérait pendant sa vie.

Splendidam in panibus,
Fortiorem hostibus,
Sensimus dum viveret.

Vivante dans ses cendres, elle ne cesse jamais de nous protéger dans les circonstances fâcheuses.

Vigil in cineribus,
Mœstis nos in casibus
Tutrix nunquam deseret.

A sa prière, Seigneur, par votre ordre, s'arrête le fléau destructeur.

Hac orante Virgine,
Te jubente, Domine,
Stetit plaga sæviens.

Maintenant, que ces fièvres ardentes sont éteintes, faites régner la paix dans nos cœurs, et que cette paix soit éternelle. Amen.

Nunc, extinctis febribus,
Jube, pax sit cordibus,
Pax nunquam deficiens
Amen.

LE 3 DIMANCHE DE JUILLET.

FÊTE DE SAINT BENOIT,

Patron de l'Église paroissiale dont le territoire a été réuni à celui de Saint-Étienne-du-Mont.

SOLENNEL MINEUR.

(Voir le Calendrier, pag. 5.)

A TIERCE.

Hymne *O fons amoris*, avec la doxologie :

Gloire et louange éternelle au Dieu unique en trois personnes, qui, prodigue de lui-

Æterna laus et gloria
Uni sit et trino Deo,
Terrena qui calcantibus

Se prodigus dat in præmium.
Amen.

même, se donne en récompense à ceux qui foulent aux pieds les choses de la terre.
Amen.

On dit cette doxologie à Sexte, à None et à Complies.

Ant. 1. *g.* Non sedi in concilio ludentium : solus sedebam, quoniam comminatione replesti me. *Jerem.* 15.

Ant. Je ne me suis point trouvé dans les assemblées de divertissements; je me suis tenu retiré et solitaire, parce que vous m'avez rempli de la terreur de vos menaces.

CAPITULE. 1 *Joan.* 2.

Si quis diligit mundum, non est caritas Patris in eo; quoniam omne quod est in mundo, concupiscentia carnis est et concupiscentia oculorum, et superbia vitæ, quæ non est ex Patre, sed ex mundo est : et mundus transit, et concupiscentia ejus : qui autem facit voluntatem Dei, manet in æternum.

Si quelqu'un aime le monde, l'amour du Père n'est point en lui; car tout ce qui est dans le monde, est ou concupiscence de la chair, ou concupiscence des yeux, ou orgueil de la vie; ce qui ne vient point du Père, mais du monde : or le monde passe, et la concupiscence du monde passe aussi; mais celui qui fait la volonté de Dieu demeure éternellement.

℟. *br.* Elongavi fugiens : * mansi in solitudine, * Alleluia, alleluia. Elongavi. ℣. Quoniam vidi iniquitatem * et contradictionem in civitate. * Alleluia. Gloria. Elongavi. *Ps.* 54.

℟. *br.* La fuite m'a dérobé au monde : je me suis retiré dans la solitude, * Alleluia, alleluia. La fuite. ℣. Car je n'ai vu dans la ville qu'iniquité et que contradiction. * Alleluia. Gloire. La fuite.

℣. Confige timore tuo carnes meas : ℟. A judiciis enim tuis timui. *Ps.* 118.

℣. Percez ma chair de votre crainte salutaire; ℟. Et que je sois saisi de frayeur à la vue de vos jugements.

Collecte de la Messe.

A LA PROCESSION.

℟. Ce que je considérais comme un avantage, m'a paru depuis, à cause de Jésus-Christ, comme une perte; * Afin d'être trouvé en Jésus-Christ avec la justice qui vient de la foi, en devenant semblable à lui dans sa mort. ℣. J'aime mieux être le dernier dans la maison de mon Dieu, que d'occuper les premières places dans les tentes des méchants. * Afin. Gloire. * Afin.

℣. Mon âme se tient fortement attachée à vous, Seigneur; ℟. Et votre droite me soutient.

℟. Quæ mihi fuerunt lucra, hæc arbitratus sum propter Christum detrimenta; * Ut inveniar in illo habens justitiam, quæ ex fide est, configuratus morti ejus. ℣. Elegi abjectus esse in domo Dei mei magis quam habitare in tabernaculis peccatorum. * Ut inveniar. Gloria. * Ut inveniar. *Philip.* 3. *Ps.* 83.

℣. Adhæsit anima mea post te, Domine; ℟. Me suscepit dextera tua. *Ps.* 62.

ORAISON.

O Dieu qui avez accordé à saint Benoît la grâce de mépriser toutes les choses terrestres, et de s'attacher à vous quoiqu'élevé sur la croix; apprenez-nous par ses mérites et ses exemples à fouler aux pieds les délices périssables de ce monde, et faites-nous surmonter toutes les adversités par notre attachement à la croix et par sa vertu; Vous qui vivez et régnez étant Dieu.

Deus, qui beatum Benedictum ut tibi crucifixo adhæreret, terrena omnia despicere tribuisti: concede, ut ejus meritis et exemplo discamus perituras mundi calcare delicias, et amplexu tuæ crucis omnia nobis adversantia superare; Qui vivis et regnas Deus.

A LA MESSE.

INTROÏT. *Heb.* 11, *Ps.* 54.

Ils ont mené une vie errante, couverts de peaux de brebis et

Circuierunt in melotis, in pellibus caprinis, egentes, angustiati, afflicti, quibus dignus non erat mundus; in solitudinibus errantes, in montibus, et speluncis, et in cavernis terræ. *Ps.* Exaudi, Deus, orationem meam: et ne despexeris deprecationem meam: * intende mihi, et exaudi me. Gloria. Circuierunt.

de peaux de chèvres, étant abandonnés, affligés, persécutés; eux dont le monde n'était pas digne, retirés dans les déserts et les montagnes, dans les antres et les cavernes de la terre. *Ps.* Exaucez-moi, ô mon Dieu, et ne rejetez pas ma prière; regardez-moi favorablement, et ne me refusez pas votre secours. Gloire. Ils ont mené.

COLLECTE.

Deus, qui beatum Benedictum Abbatem, de ejus quæ in mundo est concupiscentiæ corruptione ereptum, Christo fideliter adhærere fecisti; quæsumus, ut contra seculi hujus illecebras tua virtute roborati, bravium supernæ vocationis constanter persequi, et feliciter assequi valeamus; (Per eumdem Dominum nostrum).

O Dieu, qui après avoir tiré saint Benoît Abbé du milieu de ce monde corrompu, où règne la concupiscence, lui avez fait la grâce de demeurer fidèlement attaché à Jésus-Christ; fortifiez-nous contre les attraits de ce siècle; afin qu'en marchant constamment vers le but auquel vous nous avez appelés, nous ayons le bonheur d'y arriver; (Par le même J.-C. N. S.)

Mémoire du Dimanche occurrent.

ÉPITRE.

Lectio Epistolæ beati Joannis Apostoli. 1 *Cap.* 2.

Lecture de l'Epître de saint Jean Apôtre.

Filioli; Nolite diligere mundum, neque ea quæ in mundo sunt. Si quis diligit mundum, non est caritas Patris in eo. Quoniam omne quod est in

Mes petits enfants; N'aimez point le monde, ni ce qui est dans le monde. Si quelqu'un aime le monde, l'amour du Père n'est point en lui. Car tout ce qui est dans le monde est ou concupiscence de la chair, ou concupiscence des yeux, ou orgueil de la vie; ce qui ne vient point du Père, mais du monde. Or le monde passe, et la concupiscence du monde passe aussi; mais celui qui fait la volonté de Dieu demeure éternellement.

mundo, concupiscentia carnis est, et concupiscentia oculorum, et superbia vitæ; quæ non est ex Patre, sed ex mundo est. Et mundus transit, et concupiscentia ejus. Qui autem facit voluntatem Dei, manet in æternum.

GRADUEL. 2 *Mach.* 5.

Il s'était retiré dans le désert; il y vivait avec les siens parmi les bêtes, pour ne prendre point de part à la corruption du siècle. ℣. Plusieurs qui cherchaient à vivre selon la loi et la justice, allèrent dans le désert; et ils y demeurèrent.

Secesserat in desertum locum; ibique inter feras vitam cum suis agebat, ne participes essent coinquinationis. ℣. Descenderunt multi, quærentes judicium et justitiam, in desertum; et sederunt ibi. 1 *Mach.* 2.

Alleluia, alleluia.

℣. La terre déserte germera et poussera : elle sera dans une effusion de joie et de louange. Alleluia.

℣ Germinans germinabit solitudo, et exultabit lætabunda et laudans. Alleluia. *Is.* 35.

ÉVANGILE.

Suite du saint Evangile selon saint Matthieu.

Sequentia sancti Evangelii secundum Matthæum. *Cap.* 19.

En ce temps là; Pierre prenant la parole, dit à Jésus : Pour nous, vous voyez que nous avons tout quitté, et que nous vous avons suivi : quelle sera donc notre récompense? Jésus leur dit : Je vous le dis en vérité, au temps de la résurrection, lorsque le Fils de l'homme sera assis sur le trône

In illo tempore; Respondens Petrus dixit Jesu : Ecce nos reliquimus omnia, et secuti sumus te : quid ergò erit nobis? Jesus autem dixit illis : Amen dico vobis, quod vos qui secuti estis me, in regeneratione, cum sederit Filius hominis in sede majestatis suæ, sedebitis et vos super sedes duodecim, judicantes duodecim tribus Israël. Et omnis qui reliquerit domum, vel fratres, aut sorores, aut patrem, aut matrem, aut uxorem, aut filios, aut agros propter nomen meum, centuplum accipiet et vitam æternam possidebit.

de sa majesté, vous qui m'avez suivi, vous serez vous-mêmes assis sur douze trônes, où vous jugerez les douze tribus d'Israël. Et quiconque aura quitté pour l'amour de moi sa maison, ou ses frères, ou ses sœurs, ou son père, ou sa mère, ou sa femme, ou ses enfants, ou ses champs, en recevra le centuple, et possédera la vie éternelle.

OFFERTOIRE. *Heb.* 11.

Demoratus est in terra, tanquam in aliena, in casulis habitando cum cohæredibus repromissionis ejusdem : expectabat enim fundamenta habentem civitatem, cujus artifex et conditor Deus.

Il vivait dans le monde, comme dans une terre étrangère, habitant dans des chaumières avec les cohéritiers des promesses ; car il attendait cette cité bâtie sur un ferme fondement, dont Dieu même est le fondateur et l'architecte.

SECRÈTE.

Ut nosmetipsos tibi, Domine, in hoc venerabili sacrificio discamus totos devovere : eam nobis beatus Benedictus Abbas impetret gratiæ tuæ benedictionem, quâ se, suos, suaque omnia propter te, derelinquere et ipse meruit, et alios docuit; (Per D. N. J.-C.)

Afin que nous apprenions à nous consacrer entièrement à vous dans cet auguste sacrifice, Seigneur, donnez-nous par les prières de saint Benoît, Abbé, cette bénédiction de votre grâce, par laquelle il a renoncé, pour l'amour de vous, à soi-même, aux siens, à tout ce qu'il possédait, et a enseigné aux autres ce renoncement; (Par N. S. J.-C.)

Mémoire du dimanche occurrent.

Préface, pag. 47.

COMMUNION. *Deuter*. 8.

Le Seigneur Dieu, votre conducteur, a fait sortir des ruisseaux de la pierre la plus dure ; et dans votre désert, il vous a nourris de la manne.

Dominus Deus ductor tuus, eduxit rivos de petra durissima ; et cibavit te manna in solitudine.

POSTCOMMUNION.

O Dieu, qui avez conduit saint Benoît dans la solitude, pour l'y rendre en Jésus-Christ le père de plusieurs enfants : accordez à ceux que vous nourrissez de la manne Eucharistique dans le désert de cette vie, la grâce de connaître la voie qui mène à vous, et d'y marcher de telle sorte qu'ils arrivent au repos éternel. (Par N. S. J.-C.)

Deus, qui beatum Benedictum in solitudinem duxisti, ut multorum tibi, in Christo, pater efficeretur filiorum ; Eucharisticum manna degustantibus, da in hac terra, viam tuam agnoscere, et ad requiem tuam feliciter pervenire ; (Per D. N. J.-C.)

Mémoire du dimanche occurrent.

A SEXTE.

Ant. Je me suis dépouillé des vêtements du siècle : je me suis revêtu d'un sac et d'un habit de suppliant ; et celui qui est la sainteté même m'a rempli d'une joie parfaite.

Ant. 3. b. Exui me stola pacis, indui autem me sacco obsecrationis ; et venit mihi gaudium a sancto. *Baruch*, 4.

CAPITULE. *Hebr.* 12.

Les mortifications, dans le moment même qu'on les ressent, semblent être un sujet de tristesse et non de joie ; mais ensuite elles font recueillir en paix les fruits de la justice, à ceux qui ont passé par ces épreuves.

Omnis disciplina in præsenti quidem videtur non esse gaudii, sed mœroris ; postea autem fructum pacatissimum exercitatis per eam reddet justitiæ.

℟. *br.* Propter verba labiorum tuorum * ego custodivi vias duras,* Alleluia, alleluia. Propter. ℣. Perfice gressus meos * in semitis tuis. * Alleluia. Gloria. Propter. *Ps.* 16.

℟. *br.* J'ai suivi, comme votre loi l'ordonne, des voies dures et pénibles, * Alleluia, alleluia. ℣. Affermissez mes pas dans vos sentiers. * Alleluia. Gloire. J'ai suivi.

℣. Induebar cilicio : ℟. Humiliabam in jejunio animam meam. *Ps.*34.

℣. Je me couvrais d'un cilice ; ℟. J'affligeais mon âme par le jeûne.

Collecte de la Messe, pag. 92.

A NONE.

Ant. 8. *G.* In voce laudis immolabo tibi : quæcumque vovi, reddam pro salute Domino. *Jonæ*, 2.

Ant. Je vous offrirai des sacrifices avec des cantiques de louanges : je m'acquitterai de tous les vœux que j'ai faits au Seigneur pour mon salut.

CAPITULE. *Eccli.* 51.

Videte oculis vestris quia modicum laboravi, et inveni mihi multam requiem. Assumite disciplinam in multo numero argenti, et copiosum aurum possidete in ea. Lætetur anima vestra in misericordia ejus; et non confundemini in laude ipsius.

Voyez de vos yeux qu'avec un peu de travail je me suis acquis un grand repos. Recevez l'instruction comme une grande quantité d'argent; et vous posséderez en elle une grande abondance d'or. Que votre âme trouve sa joie dans la miséricorde du Seigneur : publiez ses louanges, et vous ne serez point confondus.

℟. *br.* Septies in die * laudem dixi tibi,* Alleluia, alleluia. Septies. ℣. Super judicia * justitiæ tuæ. * Alleluia. Gloria. Septies.

℟. Sept fois le jour je vous ai offert des louanges, Seigneur,* Alleluia, alleluia. Sept fois. ℣. J'ai béni l'équité de vos jugements. * Alleluia. Gloire. Sept fois.

℣. Cantabiles mihi erant justificationes tuæ. ℟. In loco peregrinationis meæ. *Ps.* 118.

℣. Vos oracles me servaient de cantiques de réjouissance, ℟. Dans le lieu de mon exil.

Collecte de la Messe, pag. 92.

A VÊPRES.

Ps. 109. Dixit Dominus. *Dimanche, à Vêpres.*

Nous sommes regardés avec mépris sur la terre : mais ayant le cœur contrit et l'esprit humilié, que cet état nous fasse trouver grâce à vos yeux, Seigneur : car ceux qui mettent leur confiance en vous ne seront point confondus.

Ant. 2. D. Sumus humiles in universa terra, Domine : sed in animo contrito et spiritu humilitatis suscipiamur; quoniam non est confusio confidentibus in te. *Dan.* 3.

Ps. 120. Levavi oculos meos. *Lundi, à Vêpres.*

Ant. Nous ne sommes pas abandonnés, portant toujours dans notre corps la mortification de Jésus-Christ; afin que la vie de Jésus se fasse voir aussi dans notre chair mortelle.

Ant. 8. G. Non derelinquimur, semper mortificationem Jesu in corpore nostro circumferentes ; ut et vita Jesu manifestetur in carne nostra mortali. 2 *Cor.* 4.

Ps. 122. Ad te levavi. *Mercredi, à Vêpres.*

Ant. Nous paroissons toujours mourants, et cependant nous vivons; nous paraissons tristes, et nous sommes toujours dans la joie; il semble que nous n'ayons rien, et nous possédons tout.

Ant. 6. F. Quasi morientes, et ecce vivimus; quas tristes, semper autem gaudentes; tanquam nihil habentes, et omnia possidentes. 2 *Cor.* 6.

Ps. 124. Qui confidunt. *Mercredi, à Vêpres.*

Ant. Il y a entre nous une parfaite union, une bonté compatissante, une amitié de frères, une charité indulgente, accompagnée de douceur et d'humilité.

Ant. 7. d. Omnes unanimes, compatientes, fraternitatis amatores, misericordes, modesti, humiles. 1 *Petr.* 3.

Ps. 141. Voce mea... ad Dominum. *Mardi, à Vêpres.*

Ant. Demeurons fermes et inébranlables dans la profession que nous avons faite d'espérer les biens éternels; puis-

Ant. 4. *D.* Teneamus spei nostræ confessionem indeclinabilem, (fidelis enim est qui repromisit,)

et consideremus invicem in provocationem caritatis et bonorum operum. *Hebr.* 10.

que celui qui nous les a promis, est fidèle : ayons les yeux les uns sur les autres, pour nous animer à la charité et aux bonnes œuvres.

CAPITULE. *Deut.* 7.

Dominus Deus ipse est fortis et fidelis, custodiens pactum et misericordiam diligentibus se, et his qui custodiunt præcepta ejus in mille generationes.

Le Seigneur notre Dieu est le Dieu fort et fidèle, qui garde son alliance et sa miséricorde jusqu'à mille générations envers ceux qui l'aiment et qui observent ses préceptes.

HYMNE.

Felices nemorum pangimus incolas,
Certo consilio quos Deus abdidit,
Ne contagio seeli
Mores læderet integros.

Ut te possideant, quem sitiunt Deum,
Urbes, regna, suos, se quoque deserunt :
Totus viluit orbis,
Dum cœlestia cogitant.

Nudi, prompti, alacres, liberi ab omnibus,
Ad luctam pugiles ocius advolant :
Ut vastum mare tranent,
Prudentes onus exuunt.

Æternas ut opes, certaque gaudia
Securi rapiant, omnia ludicra

Nous chantons la gloire de ces heureux habitants des déserts, que Dieu a cachés par une providence singulière, de peur que la contagion du siècle ne corrompît l'innocence de leur vie.

Pour vous posséder, ô mon Dieu, unique objet de leurs désirs, ils ont abandonné leur pays, leurs biens, leur famille, et ils se sont abandonnés eux-mêmes : la pensée des biens éternels leur a fait regarder le monde entier comme une vile poussière.

Libres et dégagés par un dépouillement universel, ils se livrent au combat avec une sainte et généreuse ardeur : pour traverser une mer orageuse, ils se déchargent prudemment d'un fardeau qui les mettait en péril.

Pour mériter une solide gloire, et s'assurer la conquête des biens immortels, ils sacrifient volontiers toutes les richesses périssables de cette vie : la sainte confiance qu'ils ont de posséder les biens durables, leur inspire ce généreux mépris.

Sano pectore temnunt,
Confisi melioribus.

Ils ont mis leur gloire à être méprisés ; ils ont estimé la pauvreté un grand trésor, et ils n'ont trouvé de plaisir qu'à se consumer par un long martyre.

Illis summa fuit gloria,
despici ;
Illis divitiæ, pauperiem
pati ;
Illis summa voluptas,
Longo supplicio mori.

Faites, ô Dieu tout-puissant, que nous acceptions de bon cœur les maux que nous avons mérités par nos péchés ; et que méprisant les richesses de la terre, nous ne soyons occupés que des biens du ciel.

Fac nos, summe Deus,
quæ patimur mala,
In pœnam scelerum ferre
libentius ;
Et, tellure relictâ,
Immortalia quærere.

Rendons au Père éternel un hommage éternel ; rendons un égal hommage à son Fils unique ; adorons à jamais le Saint-Esprit, l'amour et le lien sacré du Père et du Fils. Amen.

Æternus sit honos ingenito Patri ;
Sit par unigenæ gloria Filio :
Sacri nexus amoris,
Laus compar tibi, Spiritus. Amen.

℣. Le juste fleurira comme le palmier : ℟. Il croîtra et se fortifiera comme le cèdre du Liban.

℣. Justus ut palma florebit : ℟. Sicut cedrus Libani multiplicabitur. *Ps.* 91.

A Magnificat.

Ant. Jetez les yeux sur votre père, vous qui suivez la justice, et qui cherchez le Seigneur ; parce que l'ayant appelé, lorsqu'il était seul, je l'ai béni, et je l'ai multiplié.

Ant. 1. D. Attendite ad patrem vestrum, qui sequimini quod justum est et quæritis Dominum ; quia unum vocavi eum, et benedixi ei, et multiplicavi eum. *Is.* 51.

Collecte de la Messe, pag. 92.

Mémoire du Dimanche occurrent.

A COMPLIES.

Ant. 4. c. Qui habitant in deserto, secnri dormient in saltibus; et ponam eos in circuitu collis mei benedictionem. *Ezech.* 34.

Ant. Ceux qui habitent dans le désert, dormiront en assurance au milieu des bois, et je les comblerai de bénédictions autour de mes collines.

A Nunc dimittis.

Ant. 2. A. Habitabit in solitudine judicium; et erit opus justitiæ pax, et cultus justitiæ silentium, et securitas usque in sempiternum. *Is.* 52.

Ant. L'équité habitera dans le désert : la paix sera l'ouvrage de la justice : le silence la cultivera, et on y trouvera pour jamais une heureuse tranquillité.

Fête de la Susception de la Sainte-Croix, *le dernier dimanche de juillet, ou le second dimanche d'août.* Voyez le calendrier, page 6.

LE 1er DIMANCHE D'AOUT.

L'INVENTION DES RELIQUES

DE SAINT ÉTIENNE,

SOLENNEL-MAJEUR, *rit annuel.*

FÊTE PATRONALE.

¶ La fête de saint Etienne, le 26 décembre, ne pouvant, à cause de l'Octave de Noël, être remise au dimanche suivant, conformément à l'Indult de S. E. le Cardinal CAPRARA, du 9 avril 1802, concernant les fêtes patronales, l'Invention des Reliques de saint Etienne est la Fête Patronale qui doit être observée par les Fidèles de la Paroisse Saint-Etienne.

℣. AUX PREMIÈRES VÊPRES.

Psaumes du Samedi.

Ant. Celui qui craint le Seigneur se trouvera heureux à la fin de sa vie, et il sera béni au jour de sa mort.

Ant. 1. D. Timenti Dominum bene erit in extremis, et in die defunctionis suæ benedicetur. *Eccli.* 1.

Ant. Il trouvera dans la sagesse un abri contre le chaud du jour, et il se reposera dans la gloire qu'elle procure.

Ant. 2. D. Protegetur sub tegmine sapientiæ à fervore, et in gloria ejus requiescet. *Eccli.* 14.

Ant. Il reposera en assurance, et il jouira d'une abondance de biens, sans craindre aucun mal.

Ant. 3. a. Absque terrore requiescet, et abundantia perfruetur, timore malorum sublato. *Prov.* 1.

Ant. Quand sa racine serait vieillie dans la terre, et que

Ant. 4. E. Si senuerit in terra radix ejus et in pulvere emortuus fuerit truncus illius, germinabit. *Job*, 14.

son tronc desséché serait mort dans la poussière, il ne laissera pas de germer.

Ant. 5. C. Germinabit sicut lilium, et erumpet radix ejus ut Libani. *Osee*, 14.

Ant. Il germera comme le lis, et sa racine poussera avec force comme les plantes du Liban.

CAPITULE. *Is.* 66.

Hæc dicit Dominus : Consolabor vos, et in Jerusalem consolabimini. Videbitis, et gaudebit cor vestrum, et ossa vestra quasi herba germinabunt, et cognoscetur manus Domini servis ejus.

Voici ce que dit le Seigneur : Je vous consolerai, et vous trouverez votre paix dans Jérusalem. Vous verrez ces choses, et votre cœur sera dans la joie ; vos os mêmes reprendront une nouvelle vigueur comme l'herbe verte, et le Seigneur fera connaître sa main puissante en faveur de ses serviteurs.

℟. Ignotus erit locus donec Deus propitius fiat ; * Et tunc Dominus ostendet hæc ; † Et apparebit majestas Domini. ℣. Amodò, jam dicit Spiritus, ut requiescant à laboribus suis ; opera enim illorum sequuntur illos. * Et tunc. Gloria. † Et apparebit. 2 *Mach.* 2. *Apoc.* 14.

℟. Le lieu demeurera inconnu jusqu'à ce que Dieu fasse miséricorde ; * Et alors le Seigneur le fera connaître ; † Et la majesté du Seigneur paraîtra de nouveau. ℣. Dès maintenant, dit l'Esprit, ils se reposeront de leurs travaux ; car leurs œuvres les suivent. * Et alors. Gloire. † Et la majesté.

HYMNE.

Quis Luciano, dum placidus sopor
Restaurat artus, se venerabili
Splendens senecta, nunc videndum
Sydereâ dat ab arce princeps ?

Tandis que Lucien répare ses forces par un sommeil paisible, quel est ce personnage tout brillant de gloire, qui, sous la forme d'un vieillard vénérable, descend du haut des cieux, et vient s'offrir aux regards de ce saint Prêtre ?

C'est vous, bienheureux Gamaliel, envoyé de Dieu, qui avez révélé le lieu où la terre renfermait dans son sein les précieuses dépouilles du premier Martyr, et la tombe qui les dérobe aux honneurs qui leur sont dus.

Que le Pontife Jean, docile aux avertissements réitérés qu'il reçoit dans l'obscurité de la nuit, approche du tombeau, qu'il l'ouvre et qu'il en tire les ossements sacrés d'Étienne.

Réunissez-vous aussi, saints Pontifes; accourez en foule, et pleins de joie, habitants de Jérusalem; et vous, Ministres des autels, revêtus de vos brillants ornements, faites retentir le temple de vos saints cantiques.

O pompe bienheureuse! ô joie inexprimable! quelles douces odeurs se répandent à l'ouverture du tombeau de ce juste! quelle vertu salutaire éprouve le peuple fidèle à la présence de ces vénérables dépouilles!

Tel est le tribut de louanges qui vous appartient, ô bienheureux Martyr, privé depuis long-temps des honneurs qui vous sont dus, recevez-en les témoignages que nous nous empressons de vous rendre. Que vos reliques, ce riche trésor négligé tant d'années, servent maintenant à décorer le Temple de Sion.

Tu missus astas, sancte Gamaliel.
Tu clara primi pignora Martyris
Tellure monstras sub profundâ,
Quo lateant inhonora saxo.

Præsul Joannes, non semel editis
Per noctis umbras admonitus sonis
Accedat; et pandat sepulcrum
Et Stephani sacra tollat ossa.

Huc et sacrati, currite, Præsules;
Huc urbe læti de Solymâ greges:
Hìc, veste candentes Ministri,
Æthereos celebrate plausus.

O pompa felix! ô nova gaudia!
Quantis retectum spirat odoribus
Justi feretrum! quam salubres
Exuvias pia turba novit!

Laus tanta, Martyr, te decet, en diù
Raptos honores reddere tunc juvat,
Et sancta neglectis tot annos
Templa Sion decorare gemmis.

Laus summa Patri, summaque Filio,
Sit sancte, compar laus tibi, Spiritus,
Quo, morte jam victâ, triumphat
Magnificis Stephanus trophæis.
Amen.

Louange infinie au Père, gloire égale au Fils, et à vous, Esprit saint, qui, après avoir rendu Etienne vainqueur de la mort, illustrez son triomphe par les trophées que vous élevez à sa gloire.
Amen.

℣. Dabis, Deus, gaudium et lætitiam,

℣. O Dieu, vous ferez entendre une parole de consolation et de joie.

℟. Et exultabunt ossa humiliata. *Ps.* 50.

℟. Et les os brisés et humiliés tressailliront d'allégresse.

A Magnificat.

Ant. J. Deus revelat de tenebris, et producit in lucem umbram mortis. *Job*, 12.

Ant. C'est Dieu qui découvre ce qui était caché dans de profondes ténèbres, et qui produit au jour l'ombre même de la mort.

Collecte de la Messe, page 115.

Mémoire du Samedi avant le Dimanche occurrent.

A COMPLIES, *Psaumes du samedi*, *Antiennes ci-après*, *page* 125. *Doxologie, pag.* 113.

A L'OFFICE DE LA NUIT.

Invitatoire. Dominum custodientem ossa sanctorum suorum,* Venite, adoremus. *Ps.* 33.

HYMNE.

Obscuros tenebris, Christe, vetas premi,
Clarâ qui pugiles te nece prædicant;
Quæ sub nocte jacent, temporibus suis

Vous n'abandonnez pas pour toujours, Seigneur, aux ténèbres et à l'obscurité les généreux athlètes qui, par une mort glorieuse, confessent votre nom; après les avoir laissés ensevelis dans la nuit du tombeau, un temps vient où vous les manifestez au grand jour.

Hæc pleno retegis die.

Vous manifestez les dépouilles de votre illustre Martyr, long-temps cachées dans une vile poussière ; les fidèles accourent en foule, et ces ossements, tout secs qu'ils sont, reçoivent l'honneur dont ils sont dignes.

Quæ celata diù pulvereo situ,
Monstras ossa tui splendida Martyris,
Ad cujus cineres curritur, et suus
Siccis est honor ossibus.

Des fleurs appliquées sur son tombeau contractent une vertu salutaire, et rendent sur-le-champ la vue à un aveugle qui, devenu son propre guide, retourne dans sa maison, ravi de voir la lumière du jour.

Flores è tumulo vim medicam trahunt;
Et cæco subitum restituunt diem;
Qui dux ipse suî, jam repetit domum
Cœli munere lætior.

C'est ainsi que Dieu, vengeur de la mort injuste de ses serviteurs, fait succéder aux opprobres l'honneur d'un culte religieux, et que par les prodiges qu'il opère, il rend leurs tombeaux vénérables.

Ultor nempè Deus, non meritæ necis,
Sacris opprobrium pensat honoribus :
Claros prodigiis, ac venerabiles
Ipsos vel tumulos facit.

Gloire infinie au Père, gloire infinie au Fils, gloire égale à vous, Esprit du Père et du Fils, dont la force divine soutient les Martyrs dans les combats où ils répandent leur sang.

Amen.

Patri maxima laus, maxima Filio,
Amborumque sacro maxima Flamini,
Cujus præsidio prælia sustinent
Fuso sanguine Martyres.

Amen.

AU PREMIER NOCTURNE.

Ps. 1. Beatus vir. *Dimanche, au* 1 *Noct.*

Ant. 1. a. Justus quasi virens folium, germinabit, radix illius non commovebitur. *Prov.* 11 *et* 12.

Ps. 14. Domine, quis habitabit. *Mardi, au* 1 *Noct.*

Ant. 2. D. Erit quasi lignum quod ad humorem mittit radices suas ; non timebit cùm venerit æstus, et in tempore siccitatis non desinet facere fructum. *Jerem.* 17.

Ps. 15. Conserva me. *Mercredi, à Complies.*

Ant. 3. a. Erit quasi hortus irriguus, et sicut fons aquarum cujus non deficient aquæ. *Is.* 58.

℣. Justus ut palma florebit,

℟. Sicut cedrus Libani multiplicabitur. *Ps.* 91.

I LEÇON.

De Epistolâ beati Pauli Apostoli, ad Romanos. *cap.* 8.

Qui in carne sunt, Deo placere non possunt. Vos autem in carne non estis, sed in spiritu; si tamen Spiritus Dei habitat in vobis. Si quis autem Spiritum Christi non habet, hic non est ejus : si autem Christus in vobis est, corpus quidem mortuum est propter peccatum, spiritus vero vivit propter justificationem. Quod si Spiritus ejus qui suscitavit Jesum à mortuis, habitat in vobis, qui suscitavit Jesum Christum à mortuis, vivificabit et mortalia corpora vestra, propter inhabitantem Spiritum ejus in vobis.

℟. Orietur in tenebris lux tua, et tenebræ tuæ erunt sicut meridies, et * Implebit Dominus splendoribus animam tuam, et ossa tua liberabit. ℣. Fulgebunt justi sicut sol in regno Patris eorum. * Implebit. *Is.* 58. *Matth.* 13.

II LEÇON.

Existimo quod non sunt condignæ passiones hujus temporis ad futuram gloriam quæ revelabitur in nobis. Nam expectatio creaturæ, revelationem filiorum Dei expectat; vanitati enim creatura subjecta est, non volens sed propter eum, qui subjecit eam in spe : quia et ipsa creatura liberabitur à servitute corruptionis, in libertatem gloriæ filiorum Dei; scimus enim quod omnis creatura ingemiscit et parturit usque adhuc. Non solum autem illa, sed et nos ipsi primitias Spiritus habentes; et ipsi intra nos gemimus, adoptionem filiorum Dei expectantes, redemptionem corporis nostri.

℟. Nunc filii Dei sumus, et nondum apparuit quid erimus ; * Scimus quoniam cùm apparuerit, similes ei erimus. ℣. In justitia apparebo conspectui tuo, Domine : satiabor cum apparuerit gloria tua. * Scimus. 1 *Joan.* 3. *Ps.* 16.

III LEÇON.

De Epistolâ primâ beati Pauli Apostoli, ad Corinthios. *cap.* 15.

Dicet aliquis : Quomodo resurgunt mortui ? qualive

corpore venient? Insipiens, tu quod seminas non vivificatur, nisi prius moriatur. Et quod seminas, non corpus, quod futurum est, seminas, sed nudum granum, ut puta tritici, aut alicujus cæterorum. Deus autem dat illi corpus sicut vult; et unicuique seminum proprium corpus. Non omnis caro, eadem caro; sed alia quidem hominum, alia vero pecorum, alia volucrum, alia autem piscium. Et corpora cœlestia, et corpora terrestria; sed alia quidem cœlestium gloria, alia autem terrestrium. Alia claritas solis, alia claritas lunæ, et alia claritas stellarum; stella enim à stella differt in claritate; sic et resurrectio mortuorum. Seminatur in corruptione, surget in incorruptione; seminatur in ignobilitate, surget in gloriâ; seminatur in infirmitate, surget in virtute; seminatur corpus animale, surget corpus spiritale.

℟. Multæ tribulationes justorum, et de omnibus his liberabit eos Dominus. * Custodit Dominus omnia ossa eorum; † Unum ex his non conteretur. ℣. Hi sunt qui venerunt de tribulatione magnâ, et laverunt stolas suas, et dealbaverunt eas in sanguine Agni. * Custodit. Gloria. † Unum. *Ps.* 55. *Apoc.* 7.

AU II NOCTURNE.

Ps. 26. Dominus illuminatio, *avec sa division. Jeudi, à Tierce.*

Ant. 4. A. Revelabit terra sanguinem suum, et non operiet ultra interfectos suos. *Is.* 26.

Ps. 27. Ad te, Domine, clamabo. *Dimanche, au* 3 *Noct.*

Ant. 5. a. Ossa eorum pullulent de loco suo; nam corroboraverunt Jacob, et redemerunt se in fide virtutis. *Eccli.* 49.

Ps. 29. Exaltabo te, Domine. *Dimanche, au* 3 *Noct.*

Ant. 6. F. Tunc aperientur oculi cæcorum, et aures surdorum patebunt. *Is.* 55.

℣. In Domino speravit cor meum,

℟. Et refloruit caro mea. *Ps.* 27.

Les Leçons au Bréviaire.

4 ℟. Ego consolabor vos, et videbitis; et gaudebit cor vestrum, et * Ossa vestra quasi herba germinabunt. ℣. Seminatur corpus in ignobilitate, surget in gloriâ; seminatur in infirmitate, surget in virtute. * Ossa. *Is.* 66. *I Cor.* 15.

5 ℟. Ecce ego aperiam tumulos vestros, et educam vos de sepulcris vestris : * Et scietis quia ego Dominus, cùm aperuero sepulcra vestra. ℣. Ego sum resurrectio et vita : qui credit in me, etiamsi mortuus fuerit, vivet, * Et scietis. *Ezech.* 37. *Joan.* 11.

6 ℟. Anima mea exultabit in Domino, et delectabitur super salutari suo : * Omnia ossa mea dicent : Domine, quis similis tibi ? ℣. Magnificabitur Christus in corpore meo, sive per vitam, sive per mortem. * Omnia. Gloria. * Omnia. *Ps.* 34. *Philipp.* 1.

AU III NOCTURNE.

Ps. 33. Benedicam Dominum, *avec sa division. Jeudi, à Sexte.*

Ant. 7. d. Erit quasi oliva gloria ejus, et odor ejus ut Libani. *Osee*, 14.

Ps. 75. Notus in Judæa Deus. *Samedi, au* 3 *Nocturne.*

Ant. 8. G. Memoria ejus in compositionem odoris facta opus pigmentarii. *Eccli.* 49.

Ps. 97. Cantate Domino... quia. *Lundi, à Sexte.*

Ant. 3. c. In seculum memoria ejus in benedictione, et nominatus est usque ad novissimum terræ. 1 *Mach.* 3.

℣. In memoriâ æternâ erit justus,

℟. Ab auditione malâ non timebit. *Ps.* 111.

VII LEÇON.

Lectio sancti Evangelii secundùm Lucam. *Cap.* 20.

In illo tempore; Accesserunt ad Jesum quidam Sadducæorum, qui negant esse resurrectionem. Et reliqua.

Homilia sancti Augustini Episcopi.

Sermo 317, *qui est* IV *in Stephanum; tom.* V. *edit. Benedict.*

Martyr Stephanus beatus, et primus post Apostolos ab Apostolis Diaconus ordinatus, ante Apostolos coronatus, illas terras passus illustravit, istas mortuus visitavit. Sed mortuus non visitaret, nisi et mortuus viveret. Exiguus pulvis tantum populum congregavit. Cinis latet, beneficia patent. Cogitate, carissimi, quæ nobis Deus servet in regione vivorum, qui tanta præstat de pulvere mortuorum. Caro sancti Stephani per loca singula diffamatur; sed fidei ejus meritum commendatur. Sic expectemus consequi temporalia beneficia, ut eum imitando, accipere mereamur æterna. Quod nobis beatus Martyr imitandum in suâ passione proposuit, hoc attendere, hoc credere, hoc implere, verè est solemnia sancti Martyris celebrare.

℟. Concurrebat multitudo vicinarum civitatum Jerusalem, afferentes ægros, qui * Curabantur omnes. ℣. Venient et confluent ad bona Domini; et consolabor eos, et lætificabo à dolore suo. * Curabantur. *Act.* 5. *Jer.* 31.

VIII LEÇON.

Dominus noster Jesus Christus inter præcepta magna et salubria, divina et altissima, quæ dedit discipulis suis, hoc videtur hominibus grave quod jussit ut diligant inimicos suos. Grave præceptum, sed grande præmium. Cùm hoc moneret, videte quid dixerit: Diligite inimicos vestros, benefacite his qui vos oderunt, et orate pro persequentibus vos. Audisti opus, expecta mercedem, et vide quid addat: Ut sitis, inquit, filii Patris vestri qui in cœlis est... Ostendit primus ipse Dominus in cruce, quod monuit: sed homines pigri ad præceptum, avidi ad præmium, qui non diligunt inimicos suos, sed de illis se vindicare affectant; quando audiunt locum istum Evangelii, quod Dominus in cruce dixit: Pater, ignosce illis, quia nesciunt quid faciunt; dicunt sibi: Ipse hoc potuit, tanquam Filius Dei, tanquam unicus Patris. Nos autem, quid sumus, qui ista faciamus? Fefellit, qui jussit? Absit, non fefellit. Si multum ad te putas imitari Dominum tuum, attende Stephanum conservum tuum. Nemo dicat, multùm est ad me; homo erat, homo es: sed non accepit à se. Numquid accepit, et clausit tibi? Fons communis est: bibe undè bibit. Beneficio Dei accepit: abundat qui dedit; et tu pete, et accipe.

℟. Virtutes non quaslibet faciebat Deus per eum; ita ut super languidos deferrentur à corpore ejus sudaria et semicinctia, * Et recedebant ab eis languores. ℣. Tu es, Deus, qui facis mirabilia; notam fecisti in populis virtutem tuam. * Et recedebant. *Act.* 19. *Ps.* 76.

IX Leçon de l'Evangile et Homélie du Dim. occur.

℟. Amplificatus est in mirabilibus suis; mortuum prophetavit corpus ejus: * In vitâ suâ fecit monstra, et † In morte mirabilia operatus est. ℣. Qui credit in me, opera quæ ego facio et ipse faciet, et majora horum faciet.* In vitâ. Gloria. † In morte, *Eccli.* 4. *Joan.* 14.

℣. *Sacerd.* Mirabilis Deus in sanctis suis :

℟. Ipse dabit virtutem et fortitudinem plebi suæ. *Ps.* 67.

A LAUDES.

Psaumes du dimanche.

Ant. 6. F. Ossa ipsius visitata sunt, et post mortem ejus prophetaverunt. *Eccli.* 49.

Ant. 5. a. Oravit, et cœlum dedit pluviam, et terra dedit fructum suum. *Jac.* 5.

Ant. 3. a. Adducunt cæcum, et cœpit videre; et restitutus est ità ut clarè videret omnia. *Marc.* 8.

CANTIQUE. *Sap.* 3.

Justorum animæ in manu Dei sunt; * et non tanget illos tormentum mortis.

Visi sunt oculis insipientium mori : * et æstimata est afflictio exitus illorum;

Et quod à nobis est iter, exterminium; * illi autem sunt in pace.

Et si coram hominibus tormenta passi sunt, * spes illorum immortalitate plena est.

In paucis vexati; * in multis benè disponentur :

Quoniam Deus tentavit eos, * et invenit illos dignos se.

Tanquam aurum in fornace probavit illos, * et quasi holocausti hostiam accepit illos.

Et in tempore * erit respectus illorum.

Fulgebunt justi, * et tanquam scintillæ in arundineto discurrent.

Judicabunt nationes, et dominabuntur populis; * et regnabit Dominus illorum in perpetuum.

Qui confidunt in illo, * intelligent veritatem.

Et fideles in dilectione acquiescent illi : * quoniam donum et pax est electis ejus.

Ant. 4. A. Conveniebant turbæ multæ, ut curarentur ab infirmitatibus suis, et virtus Domini erat ad sanandum eos. *Luc.* 5.

Ant. 1. D. Cum tetigisset cadaver ossa ejus, revixit homo, et stetit super pedes suos. 4. *Reg.* 13.

CAPITULE. *Eccli.* 45.

Similem illum fecit Dominus in gloriâ Sanctorum, et magnificavit eum in timore inimicorum, et ostendit illi gloriam suam.

HYMNE.

Le corps d'Étienne, brisé sous une grêle de pierres teintes de son sang, sort aujourd'hui de l'obscurité du tombeau. Que l'univers soit attentif; de ses os desséchés se répand une source de vie.

Mole contritus lapidum cruentâ,
Prodit obscuro Stephanus sepulcro.
Orbis assurgat; rediviva virtus
Ossibus exit.

Les Gaules et l'Afrique sont témoins de ces merveilles : de l'orient à l'occident, tout proclame les bienfaits sans nombre qu'on remporte du tombeau de cet illustre mort.

Non latet Gallos; scit et Afra tellus;
Occidens et sol, oriensque clamat
Quid necis claræ monumenta largo
Munere præstent.

L'aveugle transporté de joie recouvre la lumière; le boiteux marche d'un pas ferme et assuré; la mort, à l'approche du cercueil du saint Martyr, prend la fuite.

Cæcus exultat, recipitque lumen;
Claudus incedit pede liber æquo;
Mors et admotam fugitiva sentit
Martyris arcam.

Cette vertu vivifiante se communique aux linges et aux vêtements : si quelqu'un vient dans le temple offrir ses vœux à Dieu, et révérer en suppliant les cendres sacrées d'Étienne, ses vœux sont exaucés.

Transit in pannos tunicasque virtus;
Si quis in templo pia vota fundat,
Et sacros supplex cineres honoret,
Vota reportat.

Que d'autres cherchent la guérison des maladies du corps; pour nous, tous nos vœux sont d'obtenir cette divine charité qui sait vaincre le mal par le bien, et demander grâce pour les ennemis.

Corpori quærant alii medelam;
Caritas nostrum trahit omne votum,
Quæ bonis vincit mala, gratiamque
Hostibus orat.

Louange infinie au Père et au Verbe qu'il engendre de

Summa laus Patri, genitoque Verbo;

Et tibi compar, utriusque Nexus,
Qui salutarem Stephani sepulcro
Spargis odorem.
Amen.

lui-même, louange] égale à l'Esprit saint qui les unit ensemble, et qui du tombeau d'Etienne répand au loin une odeur salutaire. Amen.

℣. Scuto bonæ voluntatis tuæ ℟. Coronasti eum, Domine. *Ps.* 5.

A Benedictus. Ant. 7. G. Stephanus faciebat prodigia et signa magna in populo. *Act.* 5.

Collecte de la Messe.

Mémoire du Dimanche occurrent.

A PRIME.

Ant. Ossa.

℣. *du* ℟. *br.* Quem vidit Stephanus * stantem a dextris Dei. *Act.* 7.

CANON.

Ex concilio Moguntino. *Ann.* 1549. *Cap.* 43 *et* 44.

Reliquias sanctorum velut divinæ gratiæ olim receptacula, et verissima Christi membra, et pura Spiritûs sancti domicilia, monemus in Ecclesiis, vel ob id proponendas et religiosa pietate venerandas, ut, per eas fideles commoniti, discant virtutem et fidem Sanctorum imitari; ut ad imitandam eorum pietatem et constantiam vehementiore affectu incitentur et ut ma-

Du Concile de Mayence.

Nous avertissons qu'on doit exposer dans les Eglises, et faire respecter avec une religieuse piété, les Reliques des Saints qui ont été autrefois comme les asiles de la grâce de Dieu, les vrais membres de Jésus-Christ et les chastes sièges du Saint-Esprit, afin que les fidèles apprennent à imiter les vertus et la foi des Saints; qu'ils se portent avec plus d'ardeur à imiter leur piété et leur constance, et qu'ils demandent à Dieu, avec plus de dévotion,

d'être associés à leurs mérites, et aidés par leurs prières.

jori devotione se meritis Sanctorum sociari et precibus eorum adjuvari postulent.

A TIERCE.

Hymne : *O fons amoris*, avec la Doxologie :

Jésus, couronne du Martyr, gloire vous soit rendue avec le Père et le Saint-Esprit, dans tous les siècles des siècles. Amen.

Jesu, corona Martyris,
Jugis tibi sit gloria,
Cum Patre, cumque Spiritu,
In sempiterna secula.
Amen.

On dit la même doxologie à Sexte, à None et à Complies.

Ant. Il pria, et le ciel donna de la pluie, et la terre produisit son fruit.

Ant. 5. a. Oravit, et cœlum dedit pluviam, et terra dedit fructum suum. *Jac.* 5.

CAPITULE. 2 *Paralip.* 7.

Le Seigneur dit : S'il arrive que je ferme le ciel, et qu'il ne tombe point de pluie, et que mon peuple se convertisse et vienne me prier, je l'exaucerai du haut du ciel, et je délivrerai leur terre du fléau dont je l'ai frappée.

Ait Dominus : Si clausero cœlum, et pluvia non fluxerit, conversus autem populus deprecatus me fuerit, ego exaudiam de cœlo, et sanabo terram eorum.

℟. *br.* Dieu a donné les ordres aux nuées, * Alleluia, alleluia. Dieu. ℣. Il a ouvert les portes du ciel. * Alleluia. Gloire. Dieu.

℟. *br.* Mandavit Deus * nubibus desuper, * Alleluia, alleluia. Mandavit. ℣. Et januas cœli * aperuit. * Alleluia. Gloria. Mandavit. *Ps.* 77.

℣. Les yeux du Seigneur sont arrêtés sur les justes,

℣. Oculi Domini super justos,

℟. Et ses oreilles sont attentives à leurs prières.

℟. Et aures ejus in preces eorum. *Ps.* 33.

Collecte de la Messe.

A LA PROCESSION.

℟. Qui seminat in benedictionibus, de benedictionibus et metet, sicut scriptum est : * Dispersit, dedit pauperibus ; † Justitia ejus manet in seculum seculi. ℣. Eleemosynas illius enarrabit omnis ecclesia sanctorum. * Dispersit. Gloria. † Justitia. 2 *Cor.* 9. *Eccli.* 31.

℟. Celui qui sème avec abondance, moissonnera aussi avec abondance, selon qu'il est écrit : * Il distribue son bien, il le donne aux pauvres : † Sa justice demeure éternellement. ℣. Toute l'assemblée des saints publiera ses aumônes. * Il distribue. Gloire. † Sa justice.

℣. Immortalis est memoria illius : ℟. Quoniam et apud Deum nota est et apud homines. *Sap.* 4.

℣. Sa mémoire est immortelle : ℟. Car elle est en honneur, et devant Dieu et devant les hommes.

ORAISON.

Acceptum tibi sit, Domine Deus, quod in gloriosâ corporis beati Stephani Protomartyris Inventione tuæ majestati præparamus sacrificium ; et ipse, quæsumus, apud te pro nobis precator accedat, cujus patrocinium pia plebs implorat ; Per Christum.

Regardez favorablement, Seigneur notre Dieu, le sacrifice que nous préparons à votre divine majesté au jour de la glorieuse Invention du corps de saint Etienne votre premier Martyr ; et faites que ce Saint, dont la piété de votre peuple implore la protection, se rende notre intercesseur auprès de vous ; Par Jésus-Christ.

A LA MESSE.

INTROÏT. *Eccli.* 48. *Ps.* 147.

Amplificatus est in mirabilibus suis, mortuum prophetavit corpus ejus, in vitâ suâ fecit monstra, et in morte mirabilia operatus est. *Ps.* Lauda, Jerusalem, Dominum, * lau-

Quelle gloire il s'est aquise par ses miracles ! son corps, après sa mort même, a fait voir qu'il était un vrai prophète ; il a fait des prodiges pendant sa vie, et des miracles après sa mort. *Ps.* Jérusalem, loue le Seigneur ; Sion, loue ton Dieu. Gloire. Quelle gloire.

da Deum tuum, Sion. Gloria. Amplificatus est.

COLLECTE.

Dieu tout-puissant et éternel, qui avez bien voulu donner un nouveau lustre à votre Eglise, et l'enrichir d'une multitude de bienfaits, en lui découvrant les Reliques de saint Etienne votre premier Martyr; accordez-nous, s'il vous plaît, qu'en publiant vos merveilles, nous obtenions par ses prières assidues, les grâces du ciel ; (Par N. S. J.-C.)

Omnipotens sempiterne Deus, qui in Reliquiarum Protomartyris tui Stephani Inventione Ecclesiam tuam illustrare, et multiplicibus beneficiis ditare dignatus es; præsta, quæsumus, ut qui tua prædicamus magnalia, piis ejus precibus cœlestia beneficia consequamur; (Per Dominum.)

Mémoire du Dimanche occurrent.

ÉPITRE.

Lecture du Prophète Ezéchiel.

En ces jours-là ; La main du Seigneur fut sur moi, et m'ayant mené dehors par l'esprit du Seigneur, elle me laissa au milieu d'une campagne qui était toute couverte d'os : elle me mena tout autour de ces os : il y en avait une très grande quantité sur la surface de la terre, et extrêmement secs. Alors le Seigneur me dit: Fils de l'homme, croyez-vous que ces os puissent revivre? Je lui répondis : Seigneur mon Dieu, vous le savez. Et il me dit : Prophétisez sur ces os, et dites-leur : Vous, os secs, écoutez la parole du Seigneur. Voici ce que le Seigneur Dieu

Lectio Ezechielis Prophetæ. *Cap.* 37.

In diebus illis ; Facta est super me manus Domini, et eduxit me in spiritu Domini ; et dimisit me in medio campi, qui erat plenus ossibus. Et circumduxit me per ea in gyro. Erant autem multa valdè super faciem campi, siccaque vehementer. Et dixit ad me : Fili hominis, putasne vivent ossa ista? Et dixi : Domine Deus, tu nosti. Et dixit ad me : Vaticinare de ossibus istis; et dices eis : Ossa arida, audite verbum Domini ; hæc dicit Dominus Deus ossibus his : Ecce ego intromittam in vos spiritum, et vivetis; et dabo super vos nervos, et succrescere faciam super vos carnes, et superextendam in vobis cutem; et dabo vobis spiritum, et vivetis; et scietis quia ego Dominus.

dit à ces os : Je vais envoyer un esprit en vous, et vous vivrez. Je ferai naître des nerfs sur vous, j'y formerai des chairs et des muscles, j'étendrai de la peau par-dessus, et je vous donnerai un esprit, et vous vivrez, et vous saurez que c'est moi qui suis le Seigneur.

GRADUEL.

Vivent mortui tui; interfecti mei resurgent : expergiscimini et laudate, qui habitatis in pulvere. ℣. Custodit Dominus omnia ossa eorum, unum ex his non conteretur. *Is.* 26. *Ps.* 33.

Ceux qu'on a fait mourir, vivront de nouveau; ceux qui ont été tués du milieu de mon peuple, ressusciteront : réveillez-vous et chantez les louanges de Dieu, vous qui habitez dans la poussière. ℣. Le Seigneur garde tous leurs os, et pas un ne sera brisé.

Alleluia, alleluia.

℣. Salus et gloria, et virtus Deo nostro est, quia vindicavit sanguinem servorum suorum. Alleluia. *Apoc.* 19.

℣. Salut, gloire et puissance à notre Dieu, parce qu'il a vengé le sang de ses serviteurs. Alleluia.

PROSE.

Non una Protomartyris
Sit nomini dies sacra;
Iterata festivitas
Novum instauret gaudium.

Un seul jour consacré à l'honneur du premier des Martyrs ne suffit pas ; qu'une nouvelle fête soit pour nous le sujet d'une nouvelle joie.

Quem fides, saxis obrutum,
Christi mirata victimam,
Colat fides mirabilem
Ipsis et in Reliquiis.

Notre foi a vu avec admiration cette victime de Jésus-Christ expirer sous une grêle de pierres; aujourd'hui qu'elle revère ses saintes Reliques, et admire les merveilles qu'elles opèrent.

O Lucien, que tardez-vous à obéir quand le Seigneur vous fait entendre sa voix? N'y a-t-il pas assez long-temps qu'elles sont cachées ces saintes dépouilles, plus précieuses que l'or et les pierreries!	O Luciane, quid moras Monente nectis Domino? Sat latuêre pignora Auro, gemmis præstantia.
Et toi, terre, pourquoi nous envier si long-temps ce riche trésor? Ne le dérobe plus à notre culte, ne nous frustre plus des bienfaits que nous en espérons.	Tu quoque, terra, tamdiù Cur illa nobis invides? Nostro locum da cultui, Nostris locum da gratiis.
Instruisez-nous, saints Prélats d'Hyppone et de Carthage: racontez-nous combien de miracles éclatants opèrent les cendres d'Etienne.	Hypponis et Carthaginis Adeste, sacri Præsules: Quot clareant miraculis Martyris ossa pandite.
Tandis que le docteur de la grâce (Augustin) raconte à son troupeau, ravi d'admiration, des miracles déjà opérés, voici que le peuple, par de subites acclamations, annonce un nouveau prodige.	Stupenti Doctor gratiæ Dum gregi narrat edita, En subitis plebs vocibus Novum clamat prodigium.
Celui dont tous les membres, il n'y a qu'un moment, étaient agités par un tremblement continuel, marche d'un pas ferme; l'aveugle qui gémissait d'être privé de la lumière, recouvre la vue à l'instant.	Totis jam tremens artubus, Incedit firmo corpore: Amisso gemens lumine Gaudet videre protinùs.
Un enfant mort est rendu à la vie, à sa mère, à la grâce du Baptême; les malades sont guéris; la cendre du Saint Martyr met les démons en fuite.	Luci, matri, baptismati, Extinctus infans redditur; Ægri valent, et dæmones Cinis disturbat Martyris.
D'où vient une si grande puissance à cette poussière ina-	Undenam tanta frigido Efficacitas pulveri?

Afflata divo Spiritu
Insidet virtus ossibus.

nimée? Une vertu communiquée par le souffle de l'Esprit saint réside dans ces ossements.

Audistis verbum Domini,
Ossa arida, cineres;
Quam nondum vitam vivitis,
Per vos resumunt mortui.

Os desséchés, cendres salutaires, vous avez entendu la parole du Seigneur; vous ne vivez pas encore, et déjà vous rendez la vie aux morts.

Immortalis spe gloriæ
Qui morituros excitas,
Da pro te semper vivere,
Da Christo, Deus, commori.

Grand Dieu, qui animez les mortels par l'espérance de la glorieuse immortalité, faites-nous la grâce de ne vivre que pour vous, et de mourir avec Jésus-Christ.

Vitæ nocentis pondere
Fac nos gemamus exules,
Castis ut tandem patriæ
Cives fruamur gaudiis.
Amen.

Sous le poids d'une vie criminelle, faites que nous gémissions, comme exilés, afin que nous jouissions ensuite, comme citoyens, des chastes délices de la patrie.
Amen.

ÉVANGILE.

Sequentia sancti Evangelii secundum Lucam. *Cap.* 20.

Suite du saint Evangile selon saint Luc.

In illo tempore; Accesserunt quidam Sadducæorum, qui negant esse resurrectionem, et interrogaverunt Jesum, dicentes: Magister, Moyses scripsit nobis: Si frater alicujus mortuus fuerit habens uxorem, et hic sine liberis fuerit; ut accipiat eam frater ejus uxorem, et suscitet semen fratri suo. Septem ergo fratres erant; et primus accepit

En ce temps-là; Quelques uns des Sadducéens, qui sont ceux qui nient la résurrection, vinrent trouver Jésus, et lui proposèrent cette question: Maître, lui dirent-ils, Moïse nous a laissé cette ordonnance par écrit: Si quelqu'un a un frère qui, étant marié, meurt sans laisser d'enfants; il sera obligé d'épouser la veuve, pour donner des enfants à son frère. Or il y avait sept frères, dont le premier ayant épousé une femme mourut sans enfants; le second épousa ensuite la même femme, et mourut aussi sans enfants; le troisième l'épousa ensuite; et de même tous les sept, lesquels moururent sans laisser d'enfant: enfin la femme mourut aussi après eux tous. Lors donc que la résurrection arrivera, duquel des sept frères sera-t-elle femme? car tous l'ont épousée. Jésus leur répondit: Les enfants de ce siècle-ci épousent des femmes, et les femmes des maris; mais pour ceux qui seront jugés dignes d'avoir part à ce siècle à venir et à la résurrection des morts, ils ne se marieront plus, et n'épouseront plus de femmes: car alors ils ne pourront plus mourir, parce qu'ils seront égaux aux Anges, et qu'étant enfants de la résurrection ils seront aussi enfants de Dieu. Mais quant à ce que les morts ressuscitent, Moïse le déclare assez lui-même auprès du buisson, en appelant le Seigneur, le Dieu d'Abraham, le Dieu d'Isaac et le Dieu de Jacob. Or Dieu n'est point le Dieu des morts, mais des vivants, car tous sont vivants devant lui.

uxorem, et mortuus est sine filiis; et sequens accepit illam, et ipse mortuus est sine filio; et tertius accepit illam; similiter et omnes septem, et non reliquerunt semen, et mortui sunt: novissimè omnium mortua est et mulier. In resurrectione ergo cujus eorum erit uxor? si quidem septem habuerunt eam uxorem. Et ait illis Jesus: Filii hujus seculi nubunt, et traduntur ad nuptias; illi verò qui digni habebuntur seculo illo, et resurrectione ex mortuis, neque nubent, neque ducent uxores: neque enim ultra mori poterunt; æquales enim Angelis sunt, et filii sunt Dei, cum sint filii resurrectionis. Quia verò resurgant mortui, et Moyses ostendit secus rubum, sicut dicit Dominum, Deum Abraham, et Deum Isaac, et Deum Jacob: Deus autem non est mortuorum, sed vivorum, omnes enim vivunt ei.

OFFERTOIRE.

Le Seigneur a prodigué ses merveilles en faveur de son Saint; offrez au Seigneur des sacrifices de justice, et espérez en lui.

Mirificavit Dominus Sanctum suum; sacrificate sacrificium justitiæ, et sperate in Domino. *Ps.* 4.

SECRÈTE.

Deus, qui beati Protomartyris Stephani Reliquias ad solatium et confirmationem fidelium misericorditer revelasti; famulos tuos, memoriam mirabilium tuorum recolentes, da huic sacræ mensæ plenos fide et Spiritu sancto ministrare; (Per Dominum... in unitate ejusdem Spiritûs.)

O Dieu, qui, pour la consolation des fidèles et l'affermissement de leur foi, avez, par votre miséricorde, découvert les Reliques de S. Etienne votre premier Martyr; accordez à vos serviteurs, qui célèbrent la mémoire de vos merveilles, la grâce de s'approcher de votre table sainte pleins de foi et du S. Esprit; (Par N.-S... en l'unité du même S. Esprit.)

Mémoire du Dimanche occurrent.

Préface, pag. 47.

COMMUNION.

Concupiscit et deficit anima mea in atria Domini: cor meum et caro mea exultaverunt in Deum vivum. *Ps.* 83,

Mon âme languit et se consume du désir d'entrer dans la maison du Seigneur : mon cœur et ma chair tressaillent d'empressement pour le Dieu vivant.

POSTCOMMUNION.

Deus, qui per Reliquiarum Protomartyris tui Revelationem, vitæ spem immortalis in mentibus fidelium excitasti; præsta ut, percepto immortalitatis alimento, ad æternam beatitudinem pervenire mereamur; (Per Dominum.)

O Dieu, qui, par l'Invention des Reliques de votre premier Martyr, avez ranimé dans le cœur de vos fidèles l'espérance de la vie immortelle; faites qu'ayant reçu l'aliment et le gage de l'immortalité, nous méritions de parvenir à la béatitude éternelle; (Par N. S. J.-C.)

Mémoire du Dimanche occurrent.

A SEXTE.

Ant. On amena un aveugle; il commença à voir, et fut tellement guéri, qu'il voyait distinctement toutes choses.

Ant. 3. a. Adducunt cæcum, et cœpit videre; et restitutus est, ità ut clarè videret omnia. *Marc.* 8.

CAPITULE. *Ephes.* 1.

Que le Dieu de notre Seigneur Jésus-Christ, le Père de gloire, éclaire les yeux de votre cœur, pour vous faire savoir quelle est l'espérance à laquelle il vous a appelés, et quelles sont les richesses et la gloire de l'héritage qu'il destine aux Saints.

Deus Domini nostri Jesu Christi, Pater gloriæ, det vobis illuminatos oculos cordis vestri, ut sciatis quæ sit spes vocationis ejus, et quæ divitiæ gloriæ hæreditatis ejus in Sanctis.

℟. *br.* Approchez-vous de lui, et vous serez éclairés, *Alleluia, alleluia. Approchez-vous. ℣. Et vos visages ne seront point couverts de confusion. * Alleluia. Gloire. Approchez-vous.

℟. *br.* Accedite ad eum, * et illuminamini, * Alleluia, alleluia. Accedite. ℣. Et facies vestræ * non confundentur. * Alleluia. Gloria. Accedite. *Ps.* 33.

℣. Seigneur, éclairez mes yeux,

℣. Illumina, Domine, oculos meos.

℟. Afin que je ne m'endorme jamais d'un sommeil de mort.

℟. Ne unquam obdormiam in morte. *Ps.* 12.

Collecte de la Messe, page 115.

A NONE.

Ant. Un corps mort ayant touché ses os, le mort ressuscita et se leva sur ses pieds.

Ant. 1. D. Cum tetigisset cadaver ossa ejus, revixit homo, et stetit super pedes suos. 4 *Reg.* 13.

CAPITULE. *Eccli.* 48.

Quis potest similiter sic gloriari tibi? qui sustulisti mortuum ab inferis de sorte mortis in verbo Domini Dei.

Qui peut se glorifier comme vous? vous qui, par la parole du Seigneur votre Dieu, avez fait sortir un mort du tombeau, et l'avez arraché à la mort.

℟. *br.* Dominus mortificat, * et vivificat, * Alleluia, alleluia. Dominus. ℣. Deducit ad inferos, * et reducit.* Alleluia. Gloria. Dominus. 1 *Reg.* 2.

℟. *br.* C'est le Seigneur qui ôte et qui donne la vie, * Alleluia, alleluia. C'est le Seigneur. ℣. C'est lui qui conduit au tombeau, et qui en retire. *Alleluia. Gloire. C'est le Seigneur.

℣. Deus virtutum, vivificabis nos.

℣. Dieu des armées, vous nous donnerez une nouvelle vie.

℟. Et nomen tuum invocabimus. *Ps.* 79.

℟. Et nous invoquerons votre nom.

Collecte de la Messe, page 115.

AUX SECONDES VÊPRES.

Ps. 111. Beatus vir. *Dimanche, à Vêpres.*

Ant. 1. J. Mortui estis, et vita vestra est abscondita cum Christo in Deo. *Coloss.* 3.

Ant. Vous êtes morts, et votre vie est cachée en Dieu avec Jésus-Christ.

Ps. 115. Credidi, propter. *Jeudi, à Vêpres.*

Ant. 2. A. Habentes spiritum fidei, credimus; scientes quoniam qui suscitavit Jesum et nos cum Jesu suscitabit. 2 *Cor.* 4.

Ant. Parce que nous avons l'esprit de la foi, nous croyons; sachant que celui qui a ressuscité Jésus, nous ressuscitera (aussi) avec Jésus.

Ps. 119. Ad Dominum cum tribularer clamavi. *Mardi, à Vêpres.*

Ant. 3. E. Qui suscitavit Jesum Christum à

Ant. Celui qui a ressuscité Jésus-Christ d'entre les morts, donnera aussi la vie à vos corps mortels, à cause de son Esprit qui habite en vous.

mortuis, vivificabit et mortalia corpora vestra, propter inhabitantem Spiritum ejus in vobis. *Rom.* 8.

***Ps.* 121. Lætatus sum.** *Mardi, à Vêpres.*

Ant. Nous savons que si cette maison de terre, où nous habitons, vient à se dissoudre, Dieu nous donnera dans le ciel une autre maison, une maison qui ne sera point faite de main d'homme, et qui durera éternellement.

Ant. 4. E. Scimus quoniam si terrestris domus nostra hujus habitationis dissolvatur, quod ædificationem ex Deo habemus, domum non manufactam, æternam in cœlis. 2 *Cor.* 5.

***Ps.* 125. In convertendo.** *Lundi, à Vêpres.*

Ant. Comme nous possédons les prémices de l'Esprit, nous gémissons en nous-mêmes, attendant l'effet de l'adoption divine, qui sera la rédemption de nos corps.

Ant. 5. C. Primitias Spiritûs habentes, intra nos gemimus, adoptionem filiorum Dei expectantes, redemptionem corporis nostri. *Rom.* 8.

CAPITULE. *Philipp.* 3.

Nous vivons déjà dans le ciel, comme en étant citoyens, et c'est de là aussi que nous attendons le Sauveur notre Seigneur Jésus-Christ, qui transformera notre corps, tout vil et abject qu'il est, afin de le rendre conforme à son corps glorieux.

Nostra conversatio in cœlis est, unde etiam Salvatorem expectamus Dominum nostrum Jesum Christum, qui reformabit corpus humilitatis nostræ, configuratum corpori claritatis suæ.

HYMNE.

O saint Martyr, que le culte de la piété envers vos Reliques sacrées, que l'encens qui brûle avec profusion en leur honneur, vous rende favorable à nos humbles prières.

O sancte Martyr, plurimo
Dum thure, sacra dum piis
Coluntur ossa ritibus,
Votis adesto supplicum.

Non illa, quanquam tristibus
Imum redacta in pulverem
Dudum sepulcris squaleant,
Divina virtus deserit.

Quoique réduits en cendres, et ensevelis depuis long-temps dans la poussière du tombeau, vos ossements sont toujours remplis de la vertu du Tout-Puissant.

Sed sancta præsenti fovet,
Impletque templa numine;
Sed et futuræ Spiritus
Post sæcla servat gloriæ.

Il les anime par la présence de son Esprit, il habite en eux, et en fait son temple; il les conserve pour les associer un jour à la gloire des Bienheureux.

Hinc ille, qui nostris latet
Cinis sub aris conditus,
Ægris medetur efficax,
Prædamque morti surripit.

Aussi ces cendres sacrées renfermées sous nos autels, sont-elles efficaces pour guérir les maladies, et même pour enlever sa proie à la mort.

Sit laus Patri, laus Filio,
Par sit tibi laus, Spiritus,
Quo dante corpus Martyris
Tantâ refulget gloriâ.
Amen.

Gloire au Père, gloire au Fils, gloire égale à vous, Esprit saint, par qui le corps du premier Martyr brille d'une gloire si éclatante.
Amen.

℣. Omnia ossa mea dicent :

℣. Tous mes os vous rendront gloire en disant :

℟. Domine, quis similis tibi? *Ps.* 34.

℟. Seigneur, qui est semblable à vous?

A Magnificat.

Ant. 7. *d.* Novos cœlos et novam terram, secundùm promissa Domini, expectamus, in quibus justitia habitat; propter quod hæc expectantes, satagite immaculati et in-

Ant. Nous attendons, selon la promesse du Seigneur, de nouveaux cieux et une nouvelle terre, où la justice habitera; c'est pourquoi vivant dans l'attente de ces choses, travaillez en paix afin que Dieu vous trouve purs et irrépréhensibles.

violati ei inveniri in pace. 2. *Petr.* 3.

Collecte de la Messe, page 115.

Mémoire du Dimanche occurrent.

A COMPLIES.

Ant. Placé dans le tombeau, vous dormirez dans une entière assurance; vous serez en repos sans que personne vous effraye; et plusieurs vous supplieront de les regarder favorablement.

Ant. 4. D. Defossus, securus dormies; requiesces, et non erit qui te exterreat; et deprecabuntur faciem tuam plurimi. *Job*, 11.

A Nunc dimittis.

Ant. Votre lumière éclatera comme l'aurore, vous recouvrerez bientôt votre santé; votre justice marchera devant vous, et la gloire du Seigneur vous protègera.

Ant. 7. d. Erumpet quasi manè lumen tuum, et sanitas tua citius orietur; anteibit faciem tuam justitia tua, et gloria Domini colliget te. *Is.* 58.

AU SALUT.

Après la prose, ℣. Immortalis, *à la Procession, pag.* 114. *et l'oraison,* Omnipotens, *page* 115.

Pour l'Office du lendemain de la fête, du 3 août et de la Transfiguration, voyez le *Calendrier*, page 6.

LE 1er DIMANCHE DE NOVEMBRE *.

SAINT CHARLES BORROMÉE,

CARDINAL, ARCHEVÊQUE DE MILAN,

PATRON DU CLERGÉ.

SOLENNEL-MAJEUR.

IN I VESPERIS.

Psalmi de Sabbato.

Ant. 1. D. Exue te, Jerusalem, stolâ luctûs, et indue te decore et honore : fecit Dominus salutem magnam universo Israeli. *Baruch*, 5. 1 *Reg.* 19.

Ant. 2. A. Natus est homo, firmamentum gentis, rector fratrum, stabilimentum populi. *Eccli.* 49.

Ant. 3. E. Cùm esset puer, cœpit quærere Deum ; adhæsit Domino, et non recessit à vestigiis ejus. 2. *Par.* 34. 4. *Reg.* 18.

Ant. 4. f. Proficiebat atque crescebat, et ministrabat ante faciem Domini, accinctus ephod lineo. 1 *Reg.* 2.

Ant. 5. C. Oculus Dei respexit illum in bono, et erexit eum, et exaltavit caput ejus; et mirati sunt in illo multi. *Eccli.* 11.

CAPITULUM. *Act.* 7.

Videns vidi afflictionem populi mei qui est in Ægypto, et gemitum eorum audivi, et descendi liberare eos. Et nunc veni, et mittam te.

℟. Suscitabo mihi sacerdotem fidelem, qui juxtà cor meum faciet: * Et ambulabit coram Christo meo † Cunctis diebus. ℣. Erit vas in honorem sanctificatum et utile Domino, ad omne opus bonum paratum. * Et. Gloria. † Cunctis. 1 *Reg.* 2. 2 *Tim.* 2.

HYMNUS.

Quam graves cymbam quatiunt procellæ!
Solvitur morum pudor : intumescunt
Hæreses, tandem venias amicum,
Carole, sidus.
Nascitur : crescit tibi, Christe, miles :
Tartari sævas domitura pestes

* *Voyez le* Calendrier; pag. 6, et l'Addition 3e, pag. 158.

[illegible] puer, ac-
[illegible]
[illegible]
Non [illegible] templi reditus
profano:
[illegible] lumen: monet ipse
[illegible]
[illegible] ait, et pa-
[illegible]:
[illegible] egenos.
[illegible] sese gerit indi-
gentis:
[illegible] sua fata pau-
per,
Fitque, mutatâ vice, Bar-
[illegible]
[illegible], dives.
[illegible] maturum juvenem
[illegible]
Purpuræ vestis nitor: emi-
[illegible]
[illegible] vincit, proprie-
que virtus
Signat honore.
Ultimam Patrum sacer
ordo [illegible]
Hæresi dudum minitatur:
[illegible]
[illegible] vires: merito feri-
[illegible]
Fulmine monstrum.
Christe, tu sponsæ mise-
rans, dedisti
[illegible] Cleri populique
normam:
[illegible] verè referant parentem
[illegible] ministres.
Amen.

℣. Inhabitabit in atriis tuis:
℟. Replebimur in bonis [illegible] Ps. 64.

Ad Magnificat.

Ant. 6. F. Sicut Pastor gregem suum pascet: in brachio suo congregabit agnos, et in sinu suo levabit, fœtas ipse portabit. *Is.* 40.

Oratio Missæ, infrà p. 132.

Fit comm. Sabbati occurrentis, et Octavæ Omnium SS.

AD COMPLETORIUM.

Infrà pag. 144 *cum doxol. pag.* 130.

AD OFFICIUM NOCTURNUM.

Invitatorium.

Dominum qui dedit nobis Pastorem juxta cor suum, * Venite, adoremus. *Jer.* 3.

HYMNUS.

Christe, qui semper gra-
vibus periclis
Destinas fortes ovibus ma-
gistros,
Carolum fracto tua donat
orbi
Provida cura.
Vix in augusti numerum
Senatûs
Pontifex summus juvenem
cooptat,
Credit invito Pius ardua-
rum
Pondera rerum.
Quæ fides, et quæ pietas
gerendis
Rebus illuxit! Quis amor
tuendi
Juris! et quam nil movet
ampla magnam
Purpura mentem!

Gente non clarâ, neque sede Petri
Quæ Pium jactat, sibi gratulatur :
Sed nimis præceps timet eminentis
Culmen honoris.

Pastor errantes stabulo reducit,
Et gregi jungit malè separatos :
Nulla vis terret! pia vincit omnem
Cura laborem.

Quam nitet morum reparatus ordo!
Quæ fides regnat pietasque terris!
Noctis hinc atræ tenebris sepultus
Conditur error.

Trinitas summo veneranda cultu,
Fida plebs in te colit unitatem;
Qui pari curâ referant parentem,
Unge ministros.
Amen.

Omnia de Communi Pontificum. Psalmi proprii, prout indicantur in Breviario hâc notulâ ¶.

In 1 *Noct. Lectiones de Communi Patronorum pro Pontificibus. In* 2 *et* 3 *Noct. Lect. in Brev. die festo S. Caroli, 4 novembris.*

AD LAUDES.

Psalmi de Dominicâ.

Ant. 1. f. Quantò magnus erat, humiliabat se in omnibus, et coram Deo invenit gratiam ; quoniam ab humilibus honoratur. *Eccli.* 3.

Ant. 2. D. In oratione persistens, cum lacrymis deprecabatur Deum. *Tob.* 3.

Ant. 3. a. Nulli malum pro malo reddebat; providens bona non tantùm coram Deo, sed etiam coram hominibus. *Rom.* 12.

Canticum de Communi Pontificum : Sacerdos magnus.

Ant. 7. *d.* Dividebat unicuique prout poterat, de facultatibus suis; esurientes alebat, nudisque vestimenta præbebat. *Tob.* 1.

Ant. 6. F. Christo confixus sum cruci : vivo jam non ego, vivit verò in me Christus. *Galat.* 2.

CAPITULUM. 1 *Cor.* 9.

Castigo corpus meum, et in servitutem redigo; ne forté, cùm aliis prædicaverim, ipse reprobus efficiar.

HYMNUS.

Qui tuam præsul sapiens subivit,
Ambrosi, sedem; similem laborem
Et pares curas subit ille magni
Pectoris hæres.

Ille rectores populi superbos
Nil timet, solum metuens Tonantem :

Et pedum simplex veneranda regum
Sceptra verentur.
Præsulum cœtus quoties coëgit,
Scita qui Patrum populis referret,
Redderet templis decus, et profanos
Tolleret usus!
Hic sacerdotum pietas revixit,
Castitas sacros repetit recessus:
Civitas surgit nova, pristinorum
Æmula morum.
Quot Deo condit, reparatque templa,
Atque curandis pia tecta morbis,
Aut domos sacras, ubi rector aptos
Format alumnos!
Grandis incussæ caput in verendum
Plumbeæ stridens hebetatur ictus;
Innocens ictus fuit hic superni
Pignus amoris.
Trinitas summo veneranda cultu,
Fida plebs in te colit unitatem:
Qui pari cura referant parentem,
Unge ministros.
Amen.

℣. Operui in jejunio animam meam;

℟. Et posui vestimentum meum cilicium. *Ps.* 68.

Ad Benedictus.

Ant. 4. f. Habens super lumbos suos cilicium, jejunabat omnibus diebus vitæ suæ. *Judith*, 8.

Oratio Missæ.

Fit Commem. Dominicæ occurrentis, et Octavæ Omnium SS.

AD PRIMAM.

Ant. Quanto.

Doxologia ut infrà.

In ℟. *br.* ℣. Qui es * Pastor bonus. *Joan.* 10.

Canon.

Ex Concilio Tridentino. *Sess.* 6. *de Reform. cap.* 1.

Omnes Ecclesiis quibuscumque, quovis nomine ac titulo præfectos monet, ac monitos esse vult (sacrosancta Synodus,) ut attendentes sibi, et universo gregi, in quo Spiritus sanctus posuit eos regere Ecclesiam Dei, quam acquisivit sanguine suo, vigilent, sicut Apostolus præcipit, in omnibus laborent, et ministerium suum impleant. Implere autem illud se nequaquam posse sciant, si greges sibi commissos mercenariorum more deserant, atque ovium suarum, quarum sanguis de eorum est manibus à supremo judice requirendus, custodiæ minimè incumbant.

A TIERCE.

Hymne, O fons amoris, *avec la doxologie suivante :*

Supreme, Christe, Pontifex,
Jugis tibi sit gloria,
Cum Patre, cumque Spiritu,
In sempiterna secula.
Amen.

Gloire éternelle à vous, ô Jésus, qui êtes le souverain Pasteur ; gloire au Père et au Saint-Esprit dans tous les siècles des siècles. Amen.

On dit la même doxologie à Sexte, à None et à Complies.

Ant. 2. D. In oratione persistens, cum lacrymis deprecabatur Deum. *Tob.* 3.

Ant. Il persévérait dans l'oraison, et priait Dieu avec effusion de larmes.

CAPITULE. *Heb.* 5.

Omnis Pontifex ex hominibus assumptus, pro hominibus constituitur in iis quæ sunt ad Deum ; ut offerat dona et sacrificia pro peccatis.

Tout Pontife étant pris d'entre les hommes, est établi pour les hommes en ce qui regarde le culte de Dieu, afin qu'il offre des dons et des sacrifices pour les péchés.

℟. *br.* Exaudi, Domine, * orationem meam, * Alleluia, alleluia. Exaudi. ℣. Auribus percipe * lacrymas meas. * Alleluia. Gloria. Exaudi. *Ps.* 38.

℟. *br.* Exaucez, Seigneur, ma prière, * Alleluia, alleluia. ℣. Rendez-vous attentif à mes larmes. * Alleluia. Gloire. Exaucez.

℣. Protector noster, aspice, Deus : ℟. Et respice in faciem Christi tui. *Ps.* 83.

℣. Regardez-nous, ô Dieu, qui êtes notre protecteur : ℟. Et jetez les yeux sur le visage de votre Christ.

Collecte de la Messe.

A LA PROCESSION.

℣. Dieu faisait par lui des miracles extraordinaires sur les malades; * Ils étaient guéris de leurs maladies, et délivrés des malins esprits. ℣. Oh! combien est grande la miséricorde du Seigneur, et sa bonté pour pardonner à ceux qui se convertissent à lui, * Ils étaient guéris. Gloire. * Ils étaient guéris.

℟. Virtutes non quaslibet faciebat Deus per manum ejus super languidos; * Recedebant ab eis languores, et spiritus nequam egrediebantur ab eis. ℣. Quàm magna misericordia Domini, et propitiatio illius convertentibus ad se! * Recedebant. Gloria. * Recedebant. *Act.* 19. *Eccli.* 17.

℣. Qu'on l'exalte dans l'assemblée du peuple;

℟. Et qu'on le loue dans la chaire des vieillards.

℣. Exaltent eum in ecclesia plebis;

℟. Et in cathedra seniorum laudent eum. *Ps.* 106.

ORAISON.

Seigneur, qui récompensez par un bonheur éternel la sollicitude infatigable de saint Charles, votre Pontife, dans la garde de votre troupeau; faites qu'il se souvienne encore de nos misères et que, par son intercession, nous obtenions la grâce de partager un jour la béatitude dont il jouit maintenant sans craindre de la perdre. Par J. C. N. S.

Deus, qui beati Caroli Pontificis indefessam in pascendis ovibus tuis sollicitudinem æternâ mercede remuneras; quæsumus, ut, jam incommutabili bono perfruens, memor sit miseriarum nostrarum, et de tua misericordia nobis impetret beatitudinis suæ consortium; Per Christum Dominum nostrum.

A LA MESSE.

INTROÏT. *Ezech.* 34. *Ps.* 22.

Mes brebis ont été dispersées, parce qu'elles n'avaient

Dispersæ sunt oves meæ, eò quod non esset

pastor ; et factæ sunt in devorationem omnium bestiarum, et non erat qui requireret : propterea suscitabo super eas servum meum ; ipse pascet eas, et erit eis in pastorem. *Ps.* Dominus regit me, et nihil mihi deerit; * in loco pascuæ ibi me collocavit. Gloria. Dispersæ sunt.

point de pasteur ; et elles sont devenues la proie de toutes les bêtes sauvages, sans qu'il y eût personne qui se mît en peine de les chercher : c'est pourquoi je susciterai sur elles mon serviteur. Lui-même aura soin de les paître, et il sera leur pasteur. *Ps.* Le Seigneur est mon pasteur, je ne manquerai de rien ; il m'a placé dans d'excellents pâturages. Gloire. Mes brebis.

COLLECTE.

Multiplica, quæsumus, Domine, in Ecclesia tua gratiæ spiritum, quo beatum Carolum Pontificem implevisti; ut et gregis tui proficiat ubique successus, et grati fiant nomini tuo, te gubernante, Pastores ; (Per D. N. J. C.)

Daignez répandre, Seigneur, sur toute votre Eglise cet esprit de grâce dont vous avez rempli Saint Charles Pontife ; afin que votre troupeau croisse en piété, et que les Pasteurs en le conduisant selon vos ordres, deviennent eux-mêmes agréables à vos yeux ; (Par N. S. J. C.)

Mémoire du Dimanche occurrent.

Ensuite de la Toussaint : (à moins que ce ne soit le 8 novembre.)

Omnipotens, sempiterne Deus, qui omnium Sanctorum tuorum merita sub una tribuis celebritate venerari : quæsumus, ut desideratam nobis tuæ propitiationis abundantiam, multiplicatis intercessoribus, largiaris ; Per Dominum nostrum.

Dieu tout-puissant et éternel, qui nous accordez la grâce d'honorer dans une même solennité les mérites de tous vos Saints : faites, en multipliant nos intercesseurs auprès de vous, que nous éprouvions de plus en plus la multitude de vos miséricordes ; Par notre Seigneur Jésus-Christ, votre Fils qui étant Dieu.

EPITRE.

Lecture du Prophète Ezéchiel.

En ces jours-là; Le Seigneur m'adressa la parole, et me dit: Fils de l'homme, je vous ai donné pour sentinelle à la maison d'Israël; vous écouterez la parole de ma bouche, et vous leur annoncerez ce que vous aurez appris de moi. Si lorsque je dirai à l'impie, Vous serez puni de mort, vous ne lui annoncez pas ce que je vous dis, et si vous ne lui parlez pas, afin qu'il se détourne de la voie de son impiété, et qu'il vive: l'impie mourra dans son iniquité, mais je vous redemanderai son sang. Que si vous annoncez la vérité à l'impie, et qu'il ne se convertisse point de son impiété, et ne quitte point sa voie impie: il mourra dans son iniquité; mais pour vous, vous aurez délivré votre âme. Que si le juste abandonne sa justice et qu'il commette l'iniquité, je mettrai devant lui une pierre d'achoppement; il mourra, parce que vous ne l'avez pas averti: il mourra dans son péché, et la mémoire de toutes les actions de justice qu'il avait faites, sera effacée; mais je vous redemanderai son sang. Que si vous avertissez le juste, afin qu'il ne pèche point, et qu'il ne tombe point dans le péché, il vivra de la vraie vie, parce que vous l'au-

Lectio Ezechielis Prophetæ. *cap.* 3.

In diebus illis; Factum est verbum Domini ad me dicens: Fili hominis, speculatorem dedi te domui Israel; et audies de ore meo verbum, et annuntiabis eis ex me. Si, dicente me ad impium, Morte morieris; non annuntiaveris ei, neque locutus fueris ut avertatur a via sua impia, et vivat: ipse impius in iniquitate sua morietur; sanguinem autem ejus de manu tua requiram. Si autem tu annuntiaveris impio, et ille non fuerit conversus ab impietate sua, et a via sua impia: ipse quidem in iniquitate sua morietur; tu autem animam tuam liberasti. Sed et si conversus justus a justitia sua fuerit, et fecerit iniquitatem; ponam offendiculum coram eo; ipse morietur, quia non annuntiasti ei: in peccato suo morietur, et non erunt in memoria justitiæ ejus, quas fecit; sanguinem vero ejus de manu tua requiram. Si autem tu annuntiaveris justo ut non peccet justus, et ille non peccaverit; vivens vivet, quia annuntiasti ei, et tu animam tuam liberasti.

rez averti, et vous aurez ainsi délivré votre âme.

GRADUEL. 2 *Paral.* 29.

Adduxit Sacerdotes atque Levitas, et congregavit eos, dixitque ad eos : Sanctificamini, mundate domum Domini Dei, et auferte immunditiam de sanctuario. ℣. Filii mei, nolite negligere : vos elegit Dominus, ut stetis coram eo, et ministretis illi.

Il assembla les Prêtres et les Lévites, et leur dit : Sanctifiez-vous, purifiez la maison du Seigneur notre Dieu, et ôtez du sanctuaire tout ce qui pourrait le souiller. ℣. Mes enfants, ne négligez pas mes avis : le Seigneur vous a choisis pour paraître devant lui, et pour le servir.

Alleluia, alleluia.

℣. Ipse est directus divinitus in pœnitentiam gentis, et tulit abominationes impietatis; et in diebus peccatorum corroboravit pietatem. Alleluia. *Eccli.* 49.

℣. Il a été destiné de Dieu pour prêcher au peuple la pénitence : il a exterminé les abominations de l'impiété; et dans un temps de péchés, il a fait refleurir la piété. Alleluia.

PROSE.

Unde tot tibi dolores?
Mœsta quid jaces, Sion?
Quo tuus recessit ille
Quem dabat Sponsus decor?

Qui vous cause tant de douleurs, qui vous plonge dans cette tristesse profonde, ô Sion? Qu'est devenu cet éclat dont votre divin Époux vous avait environnée?

Sæva nunc mundo gementi
Incubabat hæresis,
Sceptra regum, templa Christi,
Impio calcans pede.

La cruelle hérésie se répandait sur le monde qu'elle fait gémir; de son pied impie elle frappe le trône des rois et les temples de Jésus-Christ.

At piæ pudenda Matris
Filiorum pravitas
Vulnus augebat dolentis
Acriori vulnere.

La honteuse dépravation de vos enfants, ô sainte Mère, venait encore augmenter votre douleur et blesser plus profondément votre cœur.

Au milieu de ces ténèbres, saint Charles, comme le soleil, paraît pour les dissiper : il portera le remède à des maux si graves.

Inter has surgit tenebras,
Solis instar, Carolus ;
Ille tot monstris malorum
Afferet remedia.

Bientôt, dirigé par l'Esprit de Dieu, le Souverain Pontife le fait asseoir parmi les Prélats revêtus de la pourpre.

Spiritu Dei vocante,
Summus illum Pontifex
Jussit inter purpuratos
Consedere Præsules.

A ce haut degré d'élévation il devient un modèle pour chacun : ô Prêtre, apprenez quel bien vous devez faire ; Fidèles, apprenez quel modèle vous devez retracer.

Singulis hoc se magistrum
Præbet in fastigio :
Disce quà prosis, Sacerdos ;
Disce plebs, quod exprimas.

Par ses soins les Pères du Concile de Trente donnent leurs décrets ; l'impiété de l'erreur est mise en fuite et la vérité triomphe.

Carolo curante, Patres
Sacra dant oracula ;
Impius fugatur error,
Et triumphat veritas.

L'Eglise, si long-temps gémissante sur les affreuses maladies qui désolaient ses enfants, commence à relever avec joie son visage humilié.

Quæ tot atris victa morbis
Tamdiu contabuit,
Ecce nunc refecta lætum
Tollit os Ecclesia.

Car elle voit revivre l'éclat de sa sainteté première, et son sein se rouvre avec joie à des enfants qui l'avaient abandonnée.

Nam videt sibi decorem
Sanctitatis redditum,
Et piis fovet receptos
Filios amplexibus.

Mais, ô Dieu terrible, le calice de votre fureur se répand et verse avec abondance les maladies, la contagion et la mort !

Quot, Deus tremende, morbos,
Quot mali contagia,
Quot neces tui furoris
Stillat effusus calix !

Déjà cette ville infortunée pleurerait la mort de tous ses habitants, si elle n'avait dans saint Charles un espoir certain de salut.

Orba, civibus peremptis,
Heu ! jaceret civitas,
Adforet nisi salutis
Certa spes in Carolo.

Mortuos hic atque vivos
Flens stat inter filios;
Orat : extinctum repente
Excidit fulmen Deo!

Il est debout au milieu de ses enfants morts et mourants, il pleure, il supplie : à l'instant, la foudre échappe des mains de Dieu, sa colère est apaisée !

Præscius mortis, Varalli
In recessum confugit;
Hicque fervidis supremum
Advocat votis diem.

Averti de sa mort prochaine, il se retire dans sa retraite de Varalli, et là il appelle de tous ses vœux le jour qui doit mettre fin à son exil.

O quibus succensa flammis
Caritas excanduit,
Cùm sibi Dei videret
Divitem pandi sinum!

Oh! de quelle nouvelle ardeur la charité embrasa son âme, lorsque les richesses cachées dans le sein de Dieu commencèrent à se découvrir à ses yeux.

Christe, qui nectis perennem
Nunc coronam Carolo,
Fac sequamur nos ministri
Quò præivit Pontifex.

O Jésus, qui avez fait parvenir saint Charles à la couronne éternelle, faites à vos ministres la grâce d'y parvenir en suivant les traces de ce saint Pontife.

Sanctitatis fac odorem
Nos ubique fundere;
Et Sacerdotum beatis
Adde tandem cœtibus.
Amen.

Faites qu'ils répandent partout l'odeur de la sainteté, et qu'ils soient un jour réunis aux chœurs des saints Prêtres.
Amen.

EVANGILE.

Sequentia sancti Evangelii secundum Joannem. *Cap.* 10.

Suite du saint Evangile selon saint Jean.

In illo tempore; Dixit Jesus Pharisæis : Qui intrat per ostium, pastor est ovium. Huic ostiarius aperit, et oves vocem ejus audiunt: et proprias oves vocat nominatim, et educit eas. Et cùm pro-

En ce temps-là; Jésus dit aux Pharisiens : Celui qui entre par la porte dans la bergerie, est le pasteur des brebis. C'est à celui-là que le portier ouvre, et les brebis entendent sa voix: il appelle ses propres brebis par leur nom, et il les fait sortir. Et lorsqu'il a fait sortir ses propres brebis, il va devant elles; et les brebis le suivent, parce qu'elles connaissent sa voix. Elle ne suivent point un étranger, au contraire elles le fuient, parce qu'elles ne connaissent point la voix des étrangers. Jésus leur dit cette parabole : mais ils n'entendirent point de quoi il leur parlait. Jésus leur dit donc encore : En vérité, en vérité je vous le dis, je suis la porte des brebis. Tous ceux qui sont venus avant moi, sont des voleurs et des larrons, et les brebis ne les ont point écoutés. Je suis la porte. Si quelqu'un entre par moi, il sera sauvé : il entrera, il sortira, et il trouvera des pâturages. Le voleur ne vient que pour voler, pour égorger et pour perdre. Mais pour moi, je suis venu, afin que les brebis aient la vie, et qu'elles l'aient abondamment. Je suis le bon Pasteur. Le bon pasteur donne sa vie pour ses brebis. Mais le mercenaire, et celui qui n'est point pasteur, à qui les brebis n'appartiennent pas, ne voit pas sitôt venir le loup, qu'il abandonne les brebis et s'enfuit; et le loup les ravit, et disperse le troupeau. Or le mercenaire s'enfuit, parce qu'il est mercenaire, et qu'il ne se met point en peine des brebis. Je suis le bon Pasteur; je connais mes brebis, et mes brebis me connaissent : comme mon Père me connaît, et que

prias oves emiserit, ante eas vadit : et oves illum sequuntur, quia sciunt vocem ejus. Alienum autem non sequuntur, sed fugiunt ab eo, quia non noverunt vocem alienorum. Hoc proverbium dixit eis Jesus : illi autem non cognoverunt quid loqueretur eis. Dixit ergo eis iterum Jesus : Amen, amen dico vobis, quia ego sum ostium ovium. Omnes quotquot venerunt, fures sunt et latrones; et non audierunt eos oves. Ego sum ostium. Per me si quis introierit, salvabitur : et ingredietur, et egredietur, et pascua inveniet. Fur non venit, nisi ut furetur, et mactet, et perdat. Ego veni ut vitam habeant, et abundantiùs habeant. Ego sum Pastor bonus. Bonus pastor animam suam dat pro ovibus suis. Mercenarius autem, et qui non est pastor, cujus non sunt oves propriæ, videt lupum venientem, et dimittit oves, et fugit : et lupus rapit, et dispergit oves. Mercenarius autem fugit, quia mercenarius est, et non pertinet ad eum de ovibus. Ego sum Pastor bonus, et cognosco meas, et cognoscunt me meæ. Sicut novit me Pater, et ego agnosco Patrem : et animam meam pono pro ovibus meis.

je connais mon Père : et je donne ma vie pour mes brebis.

OFFERTOIRE. 2 *Reg.* 24.

Immisit Dominus pestilentiam : obtulit holocausta et pacifica ; et propitiatus est Dominus terræ, et cohibita est plaga.

Le Seigneur ayant envoyé la peste, il offrit des holocaustes et des hosties pacifiques ; et le Seigneur pardonna à son peuple, et fit cesser ce fléau.

SECRÈTE.

Propitium te, Domine, oblationibus nostris beati Caroli reddat intercessio ; qui semetipsum pro peccatis populi hostiam offerens, plagam ab eo cohibuit ; (Per Dominum nostrum.)

Qu'elle vous fasse, Seigneur, recevoir favorablement nos offrandes, l'intercession de saint Charles, qui, en s'offrant lui-même comme victime pour les péchés de son peuple, a obtenu la cessation du fléau ; (Par N. S. J.-C.).

Mémoire du Dimanche occurrent.

Ensuite de la Toussaint :

Grata tibi sint, Domine, munera, quæ pro cunctorum offerimus honore Sanctorum : ut eorum, te donante, concives esse mereamur, quos de sua jam immortalitate securos, scimus esse adhuc de nostra salute sollicitos ; Per D. N. J.-C.

Daignez recevoir, Seigneur, les dons que nous vous offrons pour honorer tous vos Saints : afin que par votre grâce, nous méritions d'être les concitoyens de ceux, qui, jouissant de l'immortalité bienheureuse, sans crainte de la perdre, s'intéressent tendrement à notre salut ; Par N. S. J.-C.

PRÉFACE, *page* 47.

COMMUNION. 1 *Joan.* 3.

In hoc cognovimus caritatem Dei, quoniam ille animam suam pro nobis

Nous avons reconnu l'amour de Dieu envers nous, en ce qu'il a donné sa vie pour nous :

et nous devons donner aussi notre vie pour nos frères.

posuit; et nos debemus pro fratribus animas ponere.

POSTCOMMUNION.

Seigneur, qui avez rendu saint Charles recommandable par sa vigilance pastorale, et par la pratique de toutes les vertus ; faites par le mérite du sacrement auquel nous avons eu le bonheur de participer, que nous devenions ses imitateurs en pratiquant les bonnes œuvres ; (Par N. S. J.-C.)

Deus, qui beatum Carolum Pontificem pastoralis officii vigilantia, et præclaris omnium virtutum meritis sublimasti: da nobis, hujus virtute sacramenti, ut ipsum sinceris operum fructibus imitemur ; (Per Dominum.)

Mémoire du Dimanche occurrent.

Ensuite de la Toussaint :

O Dieu, que nous adorons comme admirable et le seul Saint dans tous vos Saints ; nous implorons votre grâce ; afin que travaillant par elle, dans votre crainte, à notre sanctification, nous passions de cette table, à laquelle nous participons pendant ce pèlerinage, au banquet éternel de la céleste patrie ; Par N. S. J.-C.

Mirabilem te, Deus, et unum Sanctum in omnibus Sanctis tuis adorantes, gratiam tuam imploramus ; qua, perficientes sanctificationem in timore tuo, ex hac mensa peregrinantium ad cœlestis patriæ perenne convivium transeamus ; Per Dominum.

A SEXTE.

Ant. Jamais il ne rendit à personne le mal pour le mal, ayant soin de faire le bien, non seulement devant Dieu, mais aussi devant les hommes.

Ant. 3. a. Nulli malum pro malo reddebat ; providens bona non tantùm coram Deo, sed etiam coram hominibus. *Rom.* 12.

CAPITULE. 1. *Tim.* 1.

Je rends grâces à notre Seigneur Jésus-Christ qui m'a for-

Gratias ago ei, qui me confortavit, Christo Jesu

Domino nostro; quia fidelem me existimavit, ponens in ministerio.

tifié, de ce qu'il m'a jugé un serviteur digne d'être employé dans le saint ministère.

℟. *br.* Sacrificabo hostiam laudis * et nomen Domini invocabo, * Alleluia, alleluia. Sacrificabo. ℣. Vota mea reddam * in conspectu omnis populi. * Alleluia. Gloria. Sacrificabo. *Ps.* 115.

℟. *br.* J'offrirai un sacrifice de louange, et j'invoquerai le nom du Seigneur, * Alleluia, alleluia. J'offrirai. ℣. J'accomplirai aux yeux de tout son peuple les vœux que j'ai faits au Seigneur. * Alleluia. Gloire. J'offrirai.

℣. Magnificate Dominum mecum : ℟. Et exaltemus nomen ejus in idipsum. *Ps.* 33.

℣. Publiez avec moi combien le Seigneur est grand; ℟. Et célébrons tous ensemble la gloire de son nom.

Collecte de la Messe, page 132.

A NONE.

Ant. 6. F. Christo confixus sum cruci; vivo jam non ego, vivit verò in me Christus. *Galat.* 2.

Ant. Je suis attaché à la croix avec Jésus-Christ : ce n'est plus moi qui vis; mais c'est Jésus-Christ qui vit en moi.

CAPITULE. *Coloss.* 1.

Adimpleo ea quæ desunt passionum Christi, in carne mea, pro corpore ejus, quod est Ecclesia, cujus factus sum ego minister secundum dispensationem Dei, quæ data est mihi in vos.

J'accomplis dans ma chair ce qui reste à souffrir à Jésus-Christ, en souffrant moi-même pour son corps, qui est l'Église, de laquelle j'ai été établi ministre selon la charge que Dieu m'a donnée pour l'exercer envers vous.

℟. *br.* Fortitudo mea Dominus; * et factus est mihi in salutem, * Alleluia, alleluia. Fortitudo. ℣. Iste Deus meus; * et glorificabo eum. * Alleluia. Gloria. Fortitudo.

℟. *br.* Le Seigneur est ma force; et il est devenu mon sauveur, * Alleluia, alleluia. Le Seigneur. ℣. C'est lui qui est mon Dieu; et je publierai sa gloire. * Alleluia. Gloire. Le Seigneur.

℣. Vous vous êtes rendu, Seigneur, par votre miséricorde le conducteur de votre peuple,

℟. Que vous avez racheté.

℣. Domine, dux fuisti in misericordiâ tuâ populo,

℟. Quem redemisti. *Exod*. 15.

Collecte de la Messe, pag. 132.

AUX SECONDES VÊPRES.

Psaumes du dimanche, excepté le dernier, au lieu duquel on dit le psaume 131, Memento, Domine, David, *avec sa division; Samedi, à Vêpres.*

Ant. Le Seigneur envoya la peste, depuis le matin jusqu'au temps marqué par sa justice.

Ant. 6. C. Immisit Dominus pestilentiam de mane usque ad tempus præfinitum. 2 *Reg*. 24.

Ant. Ayant toujours craint le Seigneur dès son enfance, il ne s'attrista et ne murmura point contre Dieu; mais il demeura ferme et immobile dans la crainte du Seigneur.

Ant. 2. A. Cum ab infantia sua semper Deum timuerit, non est contristatus contra Deum; sed immobilis in Dei timore permansit. *Tob*. 2.

Ant. Il nourrissait ceux qui avaient faim; il donnait des habits à ceux qui n'en avaient pas; et il était attentif à donner la sépulture aux morts.

Ant. 3. E. Esurientes alebat nudisque vestimenta præbebat, et mortuis sepulturam sollicitus exhibebat. *Tob*. 1.

Ant. Il dit au Seigneur: C'est moi qui ai péché. Qu'ont fait ceux-ci qui ne sont que des brebis? Que votre main, Seigneur, je vous en conjure, se tourne contre moi seul.

Ant. 4. E. Dixit ad Dominum: Ego sum qui peccavi. Isti qui oves sunt, quid fecerunt? Vertatur, obsecro, manus tua contra me. 2 *Reg*. 24.

Ant. Placé entre les morts et les vivants, il prie pour son

Ant. 1. D. Stans inter mortuos ac viventes pro

populo deprecatus est, et plaga cessavit. *Num.* 16.

peuple, et la pluie dont il était frappé cesse tout-à-coup.

CAPITULE. *Philip.* 3.

Imitatores mei estote, fratres, et observate eos qui ita ambulant, sicut habetis formam nostram.

Mes frères, rendez-vous mes imitateurs, et proposez-vous l'exemple de ceux qui se conduisent selon le modèle que vous avez vu en nous.

HYMNE.

Viva lex, certam populos regendi
Præstruis formam; docilis piorum
Ad Patrum mentem regis universam,
Carole, plebem.

Vous êtes, ô saint Charles, une règle vivante; vous tracez des règles certaines pour la conduite des peuples, et vous-même vous gouvernez le vôtre selon l'esprit des pieux Évêques.

Dum tuam vastat mala pestis urbem,
Quis tuus fervor? Bona cuncta natis
Prodigis largus, propriæque nescis
Parcere vitæ.

Quelle fut l'ardeur de votre zèle lorsqu'une peste affreuse vint ravager votre ville! Comme vous prodiguez avec largesse à vos enfants tous les secours dont ils ont besoin, sans épargner votre propre vie.

Supplicas votis, lacrymasque fundis;
Et crucem gestas, crucis æmulator,
Pro tuis factus populis opima
Victima Pastor.

Vous priez; vous joignez les larmes aux prières; disciple de la croix, vous la portez, et bon pasteur vous vous faites, pour votre peuple, une victime d'agréable odeur.

Urbs tuis debet precibus salutem:
Sic tuus ternis, moriture Præsul,
Amplior, solis velut occidentis,
Emicat ardor.

Milan est redevable de son salut à vos prières: c'est ainsi, ô saint Pontife, que près de mourir, comme le soleil couchant, vous faites sentir davantage à la terre l'ardeur de votre charité.

Chargé de tant de mérites, riche de tout le bien que vous avez fait et que vous avez procuré dans toute l'Eglise, prédestiné à la croix, vous voulez expirer entre ses bras, et par elle vous vous élevez au ciel.

O saint Patron, faites que vos enfants puissent vous suivre dans la route que vous leur avez frayée vers la céleste patrie, et par vos prières obtenez-nous d'être admis dans la société des Bienheureux.

Adorable Trinité, le peuple fidèle adore en vous l'unité; donnez à vos ministres une onction qui fasse revivre en eux leur modèle.

Amen.

Tot reportatis spoliis onustus,
Et tuis dives meritis et orbis:
Tu, cruci natus, crucis inter ulnas
Redderis astris.

Quâ viâ celsas tibi pandis arces,
Fac tuos illâ, Pater, ire natos;
Et tuâ tandem prece nos beatis
Cœtibus adde.

Trinitas summo veneranda cultu,
Fida plebs in te colit unitatem:
Qui pari curâ referant Parentem
Unge ministros.
Amen.

℣. La sainte Sion est le lieu de mon repos pour jamais.

℟. J'y habiterai, parce que c'est le lieu que j'ai choisi.

℣. Sion requies mea in seculum seculi.

℟. Hic habitabo, quoniam elegi eam. *Ps.* 131.

A Magnificat.

Ant. Quoiqu'il ait peu vécu, il a cependant rempli la course d'une longue vie; car son âme était agréable à Dieu : c'est pourquoi il s'est hâté de le tirer du milieu de l'iniquité.

Ant. 5. C. Consummatus in brevi, explevit tempora multa; placita enim erat Deo anima illius : propter hoc properavit educere illum de medio iniquitatum. *Sap.* 4.

Collecte de la Messe, page 132.

Mémoire du Dimanche occurrent.

Ensuite de l'Octave de la Toussaint, par l'Antienne suivante (à moins que ce ne soit le 7 ou le 8 novembre).

Ant. Scimus quoniam, cum apparuerit, similes ei erimus ; quoniam videbimus eum secuti est, alleluia.

Ant. Nous savons que quand Dieu paraîtra dans sa gloire, nous serons semblables à lui, parce que nous le verrons tel qu'il est, alleluia.

℣. In lumine tuo videbimus lumen : ℟. Prætende misericordiam tuam scientibus te, Domine.

℣. Seigneur, ce sera dans votre lumière que nous verrons la lumière : ℟. Etendez votre miséricorde sur tous ceux qui vous connaissent.

Oraison : Omnipotens, *pag.* 132.

A COMPLIES.

Ant. 6. *C.* Dùm zelat zelum legis, receptus est in cœlum. 1 *Mac.* 2.

Ant. Etant embrasé de zèle pour la loi de Dieu, il a été enlevé dans le ciel.

A Nunc dimittis.

Ant. 6. F. Ecce orat ad Dominum Deum pro universis reliquiis istis. *Jerem.* 42.

Ant. Il prie maintenant le Seigneur notre Dieu pour nous tous qui sommes encore sur la terre.

SAINTE GENEVIÈVE

DU MIRACLE DES ARDENTS,

Double-majeur. AU CHŒUR, *solennel-mineur.*

Voyez le *Calendrier*, page 7.

Si ce dimanche est l'*Octave de la Dédicace*, à l'Office de la nuit on dit pour VIII leçon l'Evangile et l'Homélie de l'Octave de la dédicace, et pour IX, l'Évangile et l'Homélie du Dimanche occurrent, avec les bénédictions convenables. A Laudes, à la Messe et à Vêpres, les deux mémoires.

Au rite *double-majeur*, à Complies, Antiennes; à toutes les heures, Doxologie; à Prime, ℣. du ℟. *br.* de la Dédicace, et Canon du jour de l'Octave. *Rubr. du Brev.* n. 83, 113, 126 et 207.

Lorsque la *Présentation de la Sainte-Vierge* tombe le dernier dimanche après la Pentecôte, on en dit l'Office en se conformant à l'*Ordo*; mais AU CHŒUR on fait SAINTE GENEVIÈVE, *solennel-mineur*, dont alors on récite l'Office à son jour 26 novembre, double-majeur; comme ci-dessus.

Hors ce cas, et à moins qu'il ne soit dimanche, le 26 novembre, on fait de la férie (s'il est Samedi de la sainte Vierge).

A TIERCE.

Hymne, O fons amoris, *avec la doxologie suivante:*

Jésus, époux éternel des Vierges, gloire vous soit rendue avec le Père et le Saint-Esprit, dans les siècles des siècles. Amen.	Æterne sponse Virginum, Jesu, tibi sit gloria, Cum Patre, cumque Spiritu, In sempiterna secula. Amen.

On dit la même doxologie à Sexte, à None et à Complies.

Ant. Ils dirent : Priez le Seigneur pour nous; parce	*Ant.* 8. *G.* Dixerunt : Ora pro nobis ad Domi-

num ; quia peccavimus Domino Deo nostro. *Baruch*, 1.

que nous avons péché contre le Seigneur notre Dieu.

CAPITULE. *Jerem.* 29.

Ego scio cogitationes quas ego cogito super vos, ait Dominus; cogitationes pacis, et non afflictionis, ut dem vobis finem et patientiam.

Je sais les pensées que j'ai sur vous, dit le Seigneur, qui sont des pensées de paix et non d'affliction, pour vous accorder la fin de vos maux et la patience.

℟. *br.* Adjuva nos, Deus, * salutaris noster. * Alleluia, alleluia. Adjuva. ℣. Et propter gloriam nominis tui * libera nos. * Alleluia. Gloria. Adjuva nos.

℟. *br.* Assistez-nous, ô Dieu, notre sauveur, * Alleluia, alleluia. Assistez-nous. ℣. Délivrez-nous pour la gloire de votre nom. * Alleluia. Gloire. Assistez-nous.

℣. Nos populus tuus et oves pascuæ tuæ: ℟. Confitebimur tibi in seculum. *Ps.* 78.

℣. Nous sommes votre peuple et le troupeau de vos pâturages ; ℟. Nous vous louerons éternellement.

Collecte de la Messe.

¶ Au rite *double-majeur*, on ne dit pas la *doxologie* propre, ni *alleluia* aux ℟. ℣. ℟. *br.* mais la reprise se fait à l'astérisque *.)

A LA PROCESSION.

℟. Tetigit justos tentatio mortis, et commotio facta est multitudinis : sed non diu permansit ira tua, Domine : ancilla enim tua * Stetit, et deprecata est, et plaga cessavit. ℣. Hæc est quæ multum orat pro civitate ista. * Stetit. Gloria. * Stetit. *Sap.* 18. *Num.* 16. 2 *Mach.* 15.

℟. Les justes furent éprouvés par une atteinte de mort, et le peuple fut frappé d'une plaie : mais votre colère ne dura que peu de temps, Seigneur : car * Votre servante s'est présentée devant vous, elle a prié, et le fléau a cessé. ℣. C'est elle qui prie beaucoup pour cette ville. * Votre servante. Gloire. * Votre servante.

℣. Prope est Dominus omnibus invocantibus eum. ℟. Omnibus invocantibus eum in veritate. *Ps.* 144.

℣. Le Seigneur est près de tous ceux qui l'invoquent. ℟. De tous ceux qui l'invoquent dans la sincérité de leur cœur.

ORAISON.

O Dieu, qui, à la prière de sainte Geneviève, avez éteint ce feu cruel dont les corps étaient dévorés, nous vous supplions, par son intercession, d'embraser nos cœurs de ce feu divin que Jésus-Christ est venu apporter sur la terre, Lui qui étant Dieu.

Deus, qui flammam in membris humanis sævientem ad beatæ Virginis Genovefæ preces extinxisti; eadem intercedente, quæsumus ut corda nostra ille cœlestis ignis inflammet, quem in terram mittere venit Jesus Christus Filius tuus; Qui tecum vivit et regnat Deus.

A LA MESSE.

INTROIT. *Ps. 7.*

Si vous ne vous convertissez, le Seigneur fera briller son épée : il a déjà tendu son arc, et il le tient prêt : il tient en sa main des traits qui portent la mort : il s'est fait des flèches brûlantes. *Ps.* Seigneur mon Dieu, c'est en vous que j'ai mis mon espérance : sauvez-moi de ceux qui me persécutent, et délivrez-moi. Gloire. Si vous.

Nisi conversi fueritis, gladium suum vibrabit Dominus : arcum suum tetendit, et paravit illum ; et in eo paravit vasa mortis, sagittas suas ardentibus effecit. *Ps.* Domine Deus meus, in te speravi : * salvum me fac ex omnibus persequentibus me, et libera me. Gloria. Nisi.

ORAISON.

O Dieu, qui avez manifesté le mérite de la bienheureuse Vierge Geneviève par un grand nombre de miracles, éteignez le feu des passions dans nos âmes, en exauçant les prières de celle qui par votre grâce éteignit en ce jour un feu cruel

Deus, qui beatæ Genovefæ Virginis excellentiam multiplici virtutum gloriâ declarasti ; concede nobis, quæsumus, ut ejus precibus a vitiorum æstu liberemur, quæ hodie per gratiam tuam in membris humanis ignis horrendi extinxit incendium; (Per Dominum.)

dont tous les corps étaient dévorés; (Par N. S. J.-C.)

¶ Si c'est l'*Octave de la Dédicace* on en fait mémoire avant celle du dimanche, de même à la Secrète, à la Postcommunion et à Vêpres.)

Mémoire du dimanche occurrent.

Ensuite de saint Marcel :

Deus, qui beatum Marcellum Pontificem mirificasti in terris, et in cœlis æternùm glorificas : quæsumus, ut ejus apud te jugiter intercessio nos protegat, quem nostrum esse perpetuâ caritate pastorem et patrem confidimus; Per Dominum.

O Dieu, qui, après avoir élevé en honneur sur la terre le bienheureux Pontife Marcel, le couronnez dans le ciel d'une gloire éternelle : faites que nous soyons soutenus sans cesse auprès de vous, par l'intercession de celui qui est encore par sa charité notre pasteur et notre père; Par N. S. J.-C.

Enfin d'un Saint occurrent.

ÉPITRE.

Lectio libri Paralipomenon. 1 *Cap.* 21.

In diebus illis; Misit Dominus pestilentiam in Israel : et ceciderunt de Israel septuaginta millia virorum. Misit quoque Angelum in Jerusalem, ut percuteret eam : cùmque percuteretur, vidit Dominus, et misertus est super magnitudine mali. Et imperavit Angelo, qui percutiebat : Sufficit, jam cesset manus tua. Porrò Angelus Domini stabat juxtà aream Ornan Jebusæi. Levansque David oculos suos, vidit Angelum Domini stantem in-

Lecture du livre des Paralipomènes.

En ces jours-là; Dieu envoya la peste en Israël, et il mourut soixante et dix mille hommes. Il envoya aussi son Ange à Jérusalem, pour la ravager; et comme la ville était toute pleine de morts, le Seigneur la regarda, et fut touché de compassion d'une plaie si terrible. Il dit donc à l'Ange exterminateur : C'est assez, que votre main en demeure là, Or l'Ange du Seigneur était alors près de l'aire d'Ornan Jebuséen. Et David levant les yeux, vit l'Ange du Seigneur, qui était entre le ciel et la terre, et qui avait à la main une épée nue et tournée contre Jérusalem. A l'heure même, lui et les anciens, couverts de cilices, se prosternèrent en terre. Et David dit à Dieu : N'est-ce pas moi qui ai commandé de faire le dénombrement du peuple? c'est moi qui ai péché; c'est moi qui ai commis tout le mal : mais pour ce troupeau, qu'a-t-il mérité? Tournez donc, je vous supplie, Seigneur mon Dieu, votre main contre moi et contre la maison de mon père ; mais épargnez votre peuple. Alors l'Ange du Seigneur commanda à Gad de dire à David de venir, et de dresser un autel au Seigneur le Dieu d'Israël, dans l'aire d'Ornan Jébuséen.

ter cœlum et terram, et evaginatum gladium in manu ejus, et versum contra Jerusalem : et ceciderunt, tam ipse quàm majores natu, vestiti ciliciis, proni in terram. Dixitque David ad Deum : Nonne ego sum, qui jussi ut numeraretur populus? ego, qui peccavi; ego, qui malum feci : iste grex quid commeruit? Domine Deus meus, vertatur, obsecro manus tua in me, et in domum patris mei : populus autem tuus non percutiatur. Angelus autem Domini præcepit Gad, ut diceret Davidi ut ascenderet, extrueretque altare Domino Deo in area Ornan Jebusæi.

GRADUEL.

Ce n'est point une herbe, ou quelque chose appliquée sur le mal, qui les a guéris ; mais c'est votre parole, ô Seigneur, qui guérit toutes choses. ℣. Car c'est vous, Seigneur, qui avez la puissance de la vie et de la mort, qui menez jusqu'aux portes de l'enfer, et qui en ramenez. Alleluia,

Neque herba neque malagma sanavit eos, sed tuus, Domine, sermo qui sanat omnia. ℣. Tu es enim, Domine, qui vitæ et mortis habes potestatem, et deducis ad portas mortis et reducis. *Sap.* 12. alleluia.

℣. Vous êtes bénie du Seigneur le Dieu très haut : vous vous êtes présentée devant Dieu pour empêcher notre ruine. Alleluia.

℣. Benedicta es tu a Domino Deo excelso : subvenisti ruinæ ante conspectum Dei nostri. Alleluia. *Judith*, 13.

Si la Messe était célébrée du rite solennel-majeur, on chanterait la Prose; ci-après pag. 156.

ÉVANGILE.

Sequentia sancti Evangelii secundùm Matthæum. *Cap.* 9.

In illo tempore; Circuibat Jesus omnes civitates et castella, docens in synagogis eorum, et prædicans Evangelium regni, et curans omnem languorem, et omnem infirmitatem. Videns autem turbas, misertus est eis : quia erant vexati et jacentes, sicut oves non habentes pastorem. Tunc dicit discipulis suis : Messis quidem multa, operarii autem pauci : rogate ergo Dominum messis, ut mittat operarios in messem suam.

Suite du saint Evangile selon S. Matthieu.

En ce temps-là; Jésus parcourait toutes les villes et les villages, enseignant dans leurs synagogues, prêchant l'Évangile du royaume, et guérissant toutes sortes de maladies et d'infirmités. Et voyant la multitude du peuple, il en eut pitié : car ils étaient languissants et couchés çà et là comme des brebis qui n'ont point de pasteur. Alors il dit à ses disciples : La moisson est grande, mais il y a peu d'ouvriers. Priez donc le Maître de la moisson qu'il envoie des ouvriers à sa moisson.

OFFERTOIRE.

Egressa est ira a Domino; et stans inter mortuos et viventes, pro populo deprecata est, et plaga cessavit. *Num.* 16.

La colère sortit du trône de Dieu; mais se tenant debout entre les morts et les vivants, elle pria pour le peuple, et la plaie cessa.

SECRÈTE.

Suscipe, quæsumus Domine, devotionis nostræ munera; et interventione beatæ Genovefæ Virginis omnia a nobis mala propitiatus averte; (Per Dominum.

Recevez, Seigneur, les offrandes de notre piété; et détournez de nous, par l'intercession de sainte Geneviève, tous les maux auxquels nous sommes exposés; (Par N. S. J.-C.)

Mémoire du dimanche occurrent.

Ensuite de saint Marcel :

Tournez vers vous les cœurs de votre peuple, nous vous en supplions, Seigneur, et ne cessez de conduire par votre grâce ceux à qui vous donnez saint Marcel pour intercesseur ; Par N. S. J.-C.

Plebis tuæ, Domine, quæsumus, ad te corda converte : et quam beati Marcelli facis patrociniis adjuvari, perpetuis non desinas gubernare præsidiis ; Per Dominum.

PRÉFACE, *pag.* 47.

COMMUNION.

Béni soit le Seigneur, car il a rendu aujourd'hui votre nom si célèbre, que les hommes, se souvenant éternellement de la puissance du Seigneur, ne cesseront jamais de vous louer, alleluia.

Benedictus Dominus, quia hodie nomen tuum ita magnificavit, ut non recedat laus tua de ore hominum, qui memores fuerint virtutis Domini in æternum, alleluia. *Judith*, 13.

POSTCOMMUNION.

O Dieu, qui, par l'intercession de sainte Geneviève, avez exaucé les cris de votre peuple, et fait cesser la plaie dont vous l'aviez frappé ; accordez-nous, par les prières de cette bienheureuse Vierge, la grâce de ressentir, pour la guérison de nos âmes et de nos corps, la vertu divine qui sort du corps de votre Fils dont nous venons de nous nourrir ; (Par le même J.-C. N. S.)

Deus, qui confugientis ad te populi plagam beatæ Genovefæ intercessione sanasti ; præsta ut, qui Christi tui corpore reficimur, prodeuntem ex eo virtutem, ad animarum corporumque medelam, ejusdem sanctæ Virginis patrocinio sentiamus ; (Per eumdem.)

Mémoire du Dimanche occurrent.

Ensuite de saint Marcel :

Que les mérites du saint Pontife Marcel nous fassent trouver grâce auprès de vous,

Subveniant nobis apud te, quæsumus, Domine, merita beati Marcelli Pontificis ; quæ iracundiæ tuæ flagella a nobis avertant et tuæ nos reconcilient majestati ; Per Dominum.

Seigneur ; qu'ils détournent de dessus nous les fléaux de votre colère, et qu'ils nous reconcilient avec votre majesté ; Par N. S. J.-C.

A SEXTE.

Ant. 5. à. Orabat Dominum, dicens : Quiescat ira tua, et esto placabilis super nequitia populi tui. *Exod.* 32.

Ant. Elle conjurait le Seigneur, en disant : Que votre colère s'apaise et laissez-vous fléchir pour pardonner à l'iniquité de votre peuple.

CAPITULE. *Jerem.* 29.

Invocabitis me, et ibitis ; et orabitis me, et ego exaudiam vos.

Vous m'invoquerez, et vous retournerez ; vous me prierez et je vous exaucerai.

℟. *br.* Deus, tu conversus * vivificabis nos, * Alleluia, alleluia. Deus. ℣. Et plebs tua * lætabitur in te. * Alleluia. Gloria. Deus.

℟. *br.* O Dieu, tournez vos regards vers nous, et vous nous donnerez une vie nouvelle, * Alleluia, alleluia. O Dieu. ℣. Et votre peuple se réjouira en vous. * Alleluia. Gloire. O Dieu.

℣. Prope timentes Dominum

℟. Salutare ipsius. *Ps.* 84.

℣. Le salut du Seigneur est proche ℟. De ceux qui le craignent.

Collecte de la Messe, page 147.

A NONE.

Ant. 6. F. Reversi sunt lætantes super omnibus bonis, quæ fecerat Dominus populo suo. 3 *Reg.* 8.

Ant. Ils s'en retournèrent, ayant le cœur plein de joie pour tous les biens que le Seigneur avait faits à son peuple.

CAPITULE. *Tob.* 12.

Benedicite Deum cœli, et coram omnibus viven-

Bénissez le Dieu du ciel, et rendez-lui gloire devant tous

les hommes, parce qu'il a fait éclater sur vous sa miséricorde.

℟. *br.* Vous êtes le Dieu qui opérez des merveilles, * Alleluia, alleluia. Vous êtes. ℣. Vous avez fait connaître parmi les peuples votre puissance. * Alleluia. Gloire. Vous êtes.

℣. Nous vous louerons, ô Dieu;

℟. Nous raconterons vos merveilles.

tibus confitemini ei, quia fecit vobiscum misericordiam suam.

℟. *br.* Tu es Deus * qui facis mirabilia, *Alleluia, alleluia. ℣. Notam fecisti in populis * virtutem tuam. *Alleluia. Gloria. * Tu es. *Ps.* 76.

℣. Confitebimur tibi, Deus;

℟. Narrabimus mirabilia tua. *Ps.* 74.

Collecte de la Messe, page 147.

A VÊPRES.

¶ Au rite *double-majeur* on dit les psaumes du dimanche.

Ps. 109. Dixit Dominus. *Dimanche, à Vêpres.*

Ant. Mon peuple a crié au Seigneur, et le Seigneur a sauvé son peuple.

Ant. 4. E. Gens mea clamavit ad Dominum, et salvum fecit Dominus populum suum. *Esther,* 10.

Ps. 112. Laudate pueri. *Dimanche, à Vêpres.*

Ant. Le Seigneur fut touché de compassion d'une plaie si terrible; il dit donc à l'Ange exterminateur : C'est assez; que votre main en demeure là.

Ant. 2. D. Misertus est Dominus super magnitudine mali, et imperavit Angelo qui percutiebat : Sufficit; jam cesset manus tua. 1 *Par.* 21.

Ps. 121. Lætatus sum. *Mardi, à Vêpres.*

Ant. O mon âme, bénis le Seigneur, parce qu'il a délivré sa ville.

Ant. 3. a. Anima mea, benedic Dominum, quoniam liberavit civitatem suam. *Tob.* 13.

Ps. 126. Nisi Dominus. *Mercredi, à Vêpres.*

Ant. 1. g. Benedixit omnis ecclesia Domino Deo patrum suorum : et inclinaverunt se, et adoraverunt Deum. 1 *Par.* 29.

Ant. Toute l'assemblée bénit le Seigneur, le Dieu de leurs pères ; et se prosternant ils adorèrent Dieu.

Ps. 147. Lauda, Jerusalem. *page* 55.

Ant. 5. a. Conversi, hymnum canebant, et benedicebant Deum in cœlum, quoniam in seculum misericordia ejus. 1 *Mach.* 4.

Ant. En revenant ils chantaient des hymnes, et bénissaient Dieu hautement, en disant que sa miséricorde s'étend dans tous les siècles.

CAPITULE. *Hebr.* 13.

Per Jesum offeramus hostiam laudis semper Deo, id est, fructum labiorum confitentium nomini ejus.

Par notre Seigneur Jésus-Christ offrons sans cesse à Dieu une hostie de louange, c'est-à-dire, le fruit des lèvres qui rendent gloire à son nom.

HYMNE.

Sol diem tandem revehit, petitæ
Spe laborantes recreans salutis :
Confluunt ad te, Genovefa, longo
Ordine cives.

Le soleil ramène enfin le jour, et ranime les malades par l'espoir de la santé, objet de leurs vœux : vers vous, ô Geneviève, se portent les flots d'une foule immense de citoyens.

Pontifex, plebes, procerumque cœtus
Ad sacrum proni tumulum precantur :
Mox onus faustum, pretiosa tollunt
Virginis ossa.

L'Évêque, le peuple, les grands, tous confondus, prient, prosternés sur le tombeau sacré : bientôt ils se chargent des ossements de la Vierge, précieux fardeau d'où ils attendent leur bonheur.

Partout, sur le passage de la châsse, une troupe de malheureux languissants mêle aux cantiques sacrés des gémissements et des larmes aussi puissantes que la prière.

Dès que Geneviève touche le seuil du temple et salue de plus près la mère de Dieu, soudain se relève sauvé celui qui tout à l'heure abattu n'attendait que la mort.

O Vierge, revenez maintenant; recevez des applaudissements sur toute cette route qui naguère retentissait de cris de douleur; ainsi puisse votre châsse veiller toujours sur la ville de Paris.

Adorable Trinité, que d'autres demandent des remèdes pour les maux du corps; dissipez les fièvres qui agitent l'âme, par un signe tout-puissant de votre volonté. Amen.

℣. Le Seigneur est plein de miséricorde. ℟. Et on trouve en lui une rédemption abondante.

Arca dum prodit, miseranda passim
Turba languentûm gemitus sacratis
Cantibus miscet, lacrymasque pondus
Vocis habentes.

Ut subit templi Genovefa limen,
Et Dei matrem propior salutat,
Exilit sospes, modo qui propinqua
Morte jacebat.

Jam redi, Virgo, tibi tota plaudet,
Quæ prius planctu via personabat;
Sic Parisinæ tua semper urbi
Excubet arca.

Trinitas, summo veneranda cultu,
Corpori poscant alii medelam:
Quæ febres vexant animum potenti
Discute nutu. Amen.

℣. Apud Dominum misericordia, ℟. Et copiosa apud eum redemptio. *Ps.* 129.

A Magnificat.

Ant. Toute l'assemblée ordonna que dans la suite des temps on célébrerait ce jour-là avec beaucoup de réjouissance et de joie.

Ant. 7. *d.* Statuit universa ecclesia, ut agatur dies ab anno in annum cum lætitia et gaudio. 1 *Mach.* 4.

Collecte de la Messe, page 147.

Mémoire du Dimanche occurrent.

Ensuite de saint Marcel :

Ant. Hic est fratrum amator et populi : hic est qui multum orat pro populo et universa civitate. 2 *Mach.* 15.

℣. Salvum fecit Dominus christum suum : ℟. Exaudiet illum de cœlo sancto suo. *Ps.* 19.

Ant. C'est là le véritable ami de ses frères et du peuple; c'est celui qui prie beaucoup pour ce peuple et pour toute la ville.

℣. Le Seigneur a sauvé son christ ; ℟. Il l'exaucera du ciel qui est son sanctuaire.

Oraison : Deus, qui beatum Marcellum, pag. 148.

A COMPLIES, *Antiennes,* p. 53. *Doxologie,* p. 145.

¶ Au rite *Double-majeur* on dit les Antiennes du psautier.

AU SALUT.

PROSE.

Immemor Deus amoris,
Usquequo nos nescies?
Telis usquequo furoris
In nos ultor sævies?

O Dieu, vous avez oublié votre amour pour nous ! jusqu'à quand nous repousserez-vous? jusqu'à quand nous frapperez-vous, dans votre colère, de vos traits vengeurs?

Grassata flatu funesto
Tactos pestis inficit :
Veneno minor infesto
Ars medentûm deficit.

La peste frappe de mort ceux qu'elle touche de son souffle infect : l'art des médecins est impuissant contre son venin contagieux.

Sexus, ætas omnis icta
Pari tabe corruit ;
Plaga quot senes inflicta
Juvenes quot messuit.

Elle n'épargne ni sexe, ni âge : combien de vieillards, combien de jeunes gens elle moissonne !

En continuis premuntur
Funera funeribus :
Laborantes obruuntur
Fossæ cadaveribus.

Les morts se pressent les uns sur les autres, et la terre semble ne devoir bientôt plus suffire à leur sépulture.

O mucro Dei, quiesce
Sanguine sat ebrius,
In vagina refrigesce,
Sile, cædis nescius.

O épée du Seigneur, arrêtez; trop long-temps teinte de sang, rentrez dans le fourreau ; restez calme, ne répandez plus la mort.

Nos crimes, nous le confessons, maladie plus cruelle que la peste, sont la triste cause des maux qui nous affligent.

At peccata nos, fatemur,
Morbus vexant tetrior:
Malorum quibus urgemur
Hæc est causa tristior.

Dieu, vengeur des crimes, vous nous faites sentir tout le poids de votre fureur; mais bientôt, Père tendre, oubliant votre colère, vous guérissez les blessures qu'elle nous a faites.

Dura nos, Deus, subire
Facis, vindex scelerum:
Mox, Pater, oblitus iræ,
Das medelam vulnerum.

Touché de compassion, vous guérissez les maladies corporelles, pour rendre la sainteté aux âmes pénétrées d'une vive componction.

Sic fers ægris sanitatem,
Miserans, corporibus,
Ut animis sanctitatem
Reddas pœnitentibus.

Geneviève, qui, par vos prières, avez éteint l'incendie cruel qui dévorait les membres des malades,

Genovefa, quæ permixtè
Artubus ardentium
Ignis sævum restrinxisti
Precibus incendium,

Tendez-nous toujours une main secourable; employez le crédit dont vous jouissez, pour nous préserver du péché.
Amen.

Benignam semper prætende
Dexteram propitia:
A peccato nos defende,
Qua præpolles gratia.
Amen.

ADDITIONS AU CALENDRIER.

1° *Le 2e Dimanche après l'Epiphanie*, on faisait autrefois l'Office du Saint Nom de Jésus, mais, *pour favoriser la piété des fidèles envers leurs anciens patrons et leur offrir, selon leur désir, le moyen de la satisfaire*, par Ordonnance de l'Archevêché, en date du 8 juillet 1812, on célèbre, ce jour, la fête de Saint-Hilaire pour conserver la mémoire du patron de l'ancienne Église de ce nom, dont le territoire fut réuni à la paroisse de Saint-Étienne-du-Mont; et le *Dimanche après le 11 juillet*, la fête de Saint-Benoît.

2° Si le 4e dimanche après Pâques tombe au jour d'une fête *double-majeur*, on remet la Translation du tombeau de sainte Geneviève au dimanche suivant; ce qui arrive lorsque Pâques est le 25 ou le 28 mars, le 3 ou le 5 avril.

3° Lorsque la Toussaint tombe le dimanche et qu'on célèbre saint Charles le dimanche 8 novembre, le mercredi 4 novembre, on dit à l'Office de la nuit, pour 2 leçon celle du 4 nov. et la *Messe du jour de la Toussaint* avec mémoire de saint Charl

Le vendredi, 6 novembre, on dit, à la Messe, l'Épître et l'Évangile marqués pour le 7 novembre.

Le samedi, 7 novembre, on anticipe la fête des SS. Reliques; on ne fait pas mémoire de la sainte Vierge.

FIN.

TABLE DES OFFICES PROPRES

DE LA PAROISSE DE SAINT-ÉTIENNE-DU-MONT.

FIN DE LA TABLE.

www.ingramcontent.com/pod-product-compliance
Ingram Content Group UK Ltd.
Pitfield, Milton Keynes, MK11 3LW, UK
UKHW021825190726
13853UKWH00003B/1190

9 782329 581873